Judith Engst

AF900386

FINANZIELLES FASTEN

Wie Sie endlich unnütze Ausgaben vermeiden, Geld sparen und Ihr Leben positiv verändern

FBV

Bibliografische Information der Deutschen Nationalbibliothek
Die Deutsche Nationalbibliothek verzeichnet diese Publikation in der Deutschen Nationalbibliografie. Detaillierte bibliografische Daten sind im Internet über http://dnb.d-nb.de abrufbar.

Für Fragen und Anregungen
info@finanzbuchverlag.de

Originalausgabe, 1. Auflage 2020

Lektorat: Silke Panten
Umschlaggestaltung: Isabella Dorsch, München
Umschlagabbildung: Shutterstock/Schreiter
Illustrationen Innenteil: Shutterstock/Yana_P, Shutterstock, Schreiter
Satz: Daniel Förster, Belgern
Druck: GGP Media GmbH, Pößneck
Printed in Germany

ISBN Print 978-3-95972-274-2
ISBN E-Book (PDF) 978-3-96092-503-3
ISBN E-Book (EPUB, Mobi) 978-3-96092-504-0

INHALT

VORWORT

Fasten, entschlacken, das Leben von unnötigem Ballast befreien und sich keinen neuen Ballast aufladen – wer hat dieses Bedürfnis nicht? Aber »finanzielles Fasten«? Geld ist doch kein Ballast, den man loswerden möchte, oder?

Als der FinanzBuch Verlag mit dieser Buchidee auf mich zukam, war ich zugegebenermaßen erst einmal skeptisch. Aber dann kam ich ins Grübeln. Denn tatsächlich empfinden wir erstaunlich viele Dinge, die mit Geld zu tun haben, als Ballast. Geldsorgen bestehen beileibe nicht nur aus der Befürchtung, die finanziellen Mittel könnten nicht reichen, sondern sie belasten uns Menschen in vielerlei Hinsicht:

- Mal ist es eine unerwartete Abbuchung, mit der das Girokonto ins Minus gerät.
- Mal ist es die Sorge um die Sicherheit beim Interneteinkauf und Onlinebanking.
- Mal ist es der Ärger über die regelmäßig eintrudelnden Ankündigungen von Versicherern, dass die monatlichen Prämien erhöht werden sollen.
- Mal ist es das schlechte Gewissen darüber, dass die Steuererklärung noch nicht gemacht ist.
- Mal ist es die bange Frage, wie sich denn in Zeiten von Null- und sogar Negativzinsen eine finanzielle Vorsorge vernünftig bewerkstelligen lässt.
- ... *(Die Liste ließe sich beliebig fortführen.)*

Dieses Buch soll Sie ermuntern, diesen Ballast abzuwerfen, denn einfach verdrängen lassen sich finanzielle Sorgen nicht. Wohlgemerkt: Hier geht es nicht um eine Radikaldiät, sondern um viele kleinere und größere Pfunde, die Sie nach und nach abwerfen können, um sich ein für alle Mal davon zu befreien. Und es geht um die Vermeidung künftiger Belastungen durch Abzocke und Fallen, die überall lauern und Sie um Ihr liebes Geld bringen können. Wie bewerkstelligen Sie dies? Indem Sie sich aus den über 100 Tipps und Tricks in diesem Buch diejenigen aussuchen, die Ihnen wahlweise am leichtesten fallen oder die größte Erleichterung bringen. Denn hier gleicht das »finanzielle Fasten« einer wirklichen Fastenkur: Die nachhaltige Umstellung und das konsequente Meiden von Versuchungen sowie Fallen bringen die besten Ergebnisse.

Erfreulicherweise brauchen Sie dafür anders als bei der Gewichtsabnahme keine eiserne Disziplin und keinen dauernden Konsumverzicht. Denn schon mit kleinen, einmaligen Dingen erreichen Sie dauerhaft eine ganze Menge: Sie gewinnen Zeit, freie Mittel und Lebensqualität, wenn Sie Zeitfresser, Bürokratiemonster und Geldvernichter bändigen. Und das Schöne ist: Ein Jo-Jo-Effekt bleibt garantiert aus!

Ich wünsche Ihnen viel Erfolg beim »finanziellen Fasten«!
Ihre Judith Engst

PS: Vereinfachung ist meine Devise auch beim Schreiben, und aus Erfahrung kann ich sagen: Eine geschlechterneutrale Sprache macht sowohl das Lesen als auch das Verfassen von Büchern zur Qual. Bitte sehen Sie es mir daher nach, dass ich in diesem Buch mehrheitlich darauf verzichte. Selbstverständlich sind alle Geschlechter gemeint, wenn ich etwa von »Bankmitarbeitern«, »Ehepartnern« oder »Versicherungsmaklern« schreibe.

EINLEITUNG

Sie sind angetreten, den ganzen Ballast rund um das Thema Geld und Finanzen abzuwerfen, der Ihnen das Leben schwer macht. Doch wie soll das gehen? Es wäre illusorisch zu glauben, Sie könnten sich mit einem einzigen großen Wurf von sämtlichen finanziellen Sorgen befreien. Das würde Ihnen noch nicht einmal gelingen, wenn Sie sechs Richtige im Lotto hätten und plötzlich Multimillionär wären. Vielmehr geht es um die Umsetzung konkreter Tipps, mit denen Sie Ihre finanzielle Fastenkur ganz nach Ihrem eigenen Gusto durchführen und sich viele Kosten, viel Ärger und viel Bürokratie ersparen können. Geordnet sind diese Tipps nach den folgenden sechs Themengebieten:

- **Versicherungen:** Unnötige Versicherungen sind die größte Verschwendung. Aber auch Policen, die Sie unbedingt brauchen, sind häufig zumindest auf der Kostenseite stark aufgebläht (auf der Leistungsseite dagegen oft recht mager). Und selbst bei diesen Versicherungen gibt es eine ganze Reihe von Spartipps, durch deren Umsetzung Sie eine wirkliche finanzielle Entlastung spüren oder für Ihren finanziellen Beitrag einen deutlich erhöhten Leistungsumfang erhalten.
- **Banken:** Ohne Girokonto geht es nicht, und meistens brauchen wir noch viele weitere Leistungen von der Hausbank und anderen Finanzinstituten. Gerade weil Banken so selbstverständlich zu unserem Leben dazugehören, ist hier die Gefahr besonders groß, durch regelmäßige Bankentgel-

te und teure Angewohnheiten ganz schön viel Geld zu verplempern. Zudem gilt es, auch diejenigen Fallen zu meiden, durch die sich Gauner und Betrüger Zugriff auf Ihr Geld verschaffen wollen. Auch dagegen können Sie sich wirksam schützen!

- **Einkaufen und bestellen:** Hier geht es beispielsweise um die Fragen, wie sich wirklich lästige Einkäufe vermeiden oder reduzieren lassen, wie Sie teure, unnötige Spontankäufe eindämmen oder wie Sie unnötige Ausgaben vermeiden. Es geht darum, wo Sie im Supermarkt üblicherweise die wirklichen Schnäppchen finden und wie Sie Geld sparen und Ihre Rechte einfordern, egal ob im Versandhandel oder im stationären Einzelhandel.
- **Bezahlen:** Ob Debit- oder Kreditkarte, ob Sofortüberweisung oder PayPal – in unserer Konsumgesellschaft bieten sich unzählige Möglichkeiten, Zahlungen zu leisten. Die meisten davon schonen vielleicht – weil bargeldlos – Ihren Geldbeutel, aber sicher nicht Ihr Bankkonto. Höchste Zeit also, sich zu fragen, welche Zahlungsarten denn günstig sind und wo vielleicht versteckte Kosten oder psychische Fallen lauern.
- **Steuern:** Beim Thema Steuern leiden wir alle ein bisschen an Schizophrenie. Unsere gespaltene Persönlichkeit will einerseits sehr gerne möglichst viele Steuern sparen oder gar eine große Steuererstattung erhalten. Andererseits ist die Steuererklärung als Voraussetzung zum Steuernsparen ein solches Bürokratiemonster, dass kaum jemand sich freiwillig an diese unliebsame Aufgabe setzt. Es wird Zeit, die Persönlichkeitsspaltung zu beenden. In diesem Kapitel erfahren Sie, wie Sie kostengünstig mit externer Hilfe Ihre Steuerblockade lösen, welche steuerlichen Missstände es zu beenden gilt und wo

Ihre Möglichkeiten liegen, sich im Regelfall eine attraktive Steuererstattung zu sichern.

- **Geldanlage:** Was tun mit dem gesparten Geld? In vielen Fällen lautet die Antwort: Anlegen! Denn finanzielle Vorsorge ist unbedingt nötig, um sich vor ständigen Geldsorgen auch in Zukunft zu schützen, zumal die gesetzliche Rente äußerst dürftig ausfällt. Wie Sie Ihr Geld für Notfälle und für späteren Bedarf anlegen, wie Sie dabei unnötige Kosten meiden und welche Investments nicht halten, was sie versprechen, das erfahren Sie im letzten Teil dieses Buches.

Gleichgültig, in welchem Kapitel Sie gerade herumstöbern: Alle Tipps helfen Ihnen dabei, Zeitfresser, Bürokratiemonster und vor allem Geldvernichter zu identifizieren und – noch wichtiger! – zu verjagen oder doch wenigstens in Schach zu halten. Welche davon Sie beherzigen und umsetzen und wie viele Sie sich in welcher Zeit vornehmen, bleibt ganz allein Ihre Sache. Sie ahnen gar nicht, wie befreiend es ist, nach und nach den ganzen finanziellen Ballast abzuwerfen, den Sie jetzt noch mit sich herumschleppen!

VERSICHERUNGEN

Beim Abschluss von Versicherungen gibt es ein wichtiges Prinzip: Versichern Sie vorrangig, was Sie im Schadensfall in Ihrer Existenz bedrohen könnte. Alles andere ist nicht so wichtig – und die Prämien für viele unnötige Versicherungen können Sie sich durch einen Nichtabschluss oder durch Kündigung einer vorhandenen Police ganz sparen.

Eine zweite wichtige Regel lautet: Versicherungen sind zum Absichern da – und nicht für die Geldanlage. Denn in aller Regel lässt sich das Geld weitaus rentabler und auch flexibler ohne Versicherungsvertrag anlegen.

Im Folgenden finden Sie Tipps dazu, welche Versicherungen tatsächlich nötig sind und welche nicht. Außerdem erfahren Sie, wie Sie durch kluge Auswahl von Policen und geschickte Nutzung durchaus üblicher Konditionen in erheblichem Umfang Prämien sparen können, wie Sie den Leistungsumfang ohne Mehrkosten erhöhen und wie Sie den nötigen Versicherungsschutz nicht unbedacht aufs Spiel setzen. Informationen dazu, welche Rechte Sie im Schadensfall haben, kommen ebenfalls nicht zu kurz.

Diese Versicherungen brauchen Sie wirklich

Für Versicherungen geht sehr viel Geld drauf. Deshalb sollten Sie, wie bereits erwähnt, in erster Linie solche Policen abschließen, die Sie zur Absicherung Ihrer (finanziellen) Existenz wirklich benötigen. Eine Police für Marginalschäden (z. B. Handyverlust) brauchen Sie nicht. Denn selbst wenn Sie eine vierstellige Summe für ein Smartphone der neuesten Generation hingelegt haben: Ein Verlust oder Diebstahl wird Sie nicht gleich in Ihrer Existenz bedrohen.

Welche Ereignisse können einen Menschen und seine nächsten Angehörigen finanziell ruinieren? Die Antwort auf diese Frage lautet:

- ein Haftpflichtschaden,
- eine Berufsunfähigkeit, falls Sie nicht schon Rente beziehen oder genügend Einkünfte haben, die nicht von einer Erwerbstätigkeit abhängen, oder
- der eigene Tod oder der Tod des Partners, wenn die Kinder noch klein oder in Schule/Ausbildung sind oder wenn das Eigenheim noch nicht abbezahlt ist.

Das verweist schon auf die drei wichtigsten Policen, die Sie unbedingt abschließen sollten. Es handelt sich um die Privathaftpflicht-, die Erwerbsunfähigkeits- und die Risikolebensversicherung. Dazu im Folgenden das Wichtigste.

Privathaftpflicht: Haftungsschäden können immens hoch sein

Stellen Sie sich vor, Sie haben im Winter nicht geräumt und gestreut, und jemand stürzt vor Ihrem Haus so unglücklich, dass er ein Leben lang erwerbsunfähig ist. Oder Sie überqueren in Eile die Straße, obwohl die Fußgängerampel Rot zeigt. Ein Auto muss scharf bremsen, der nachfolgende Kleinbus mit sechs Insassen rauscht in dieses Auto hinein – und es gibt sechs Schwerverletzte. Oder Sie grillen im Sommer Würstchen, heizen die Glut noch mal mit Brennspiritus an und durch eine Stichflamme werden zwei umstehende Personen schwer verletzt. Wer müsste für die Behandlungskosten dieser Menschen aufkommen? – Sie! Mehr noch: Wer müsste die Invalidenrente der Unfallopfer zahlen? – Auch Sie! Das wäre Ihr finanzieller Ruin, denn dafür wären Millionensummen nötig.

Bei Haftpflichtschäden mag die Ursache noch so klein sein – die Wirkung ist, was zählt. Jede Unachtsamkeit kann durch eine unglückliche Verkettung von Zufällen zu extrem teuren Folgen führen. Übrigens haften Sie in Deutschland nicht nur bei Verschulden (Vorsatz, grobe Fahrlässigkeit), sondern es gibt auch den Tatbestand der Gefährdungshaftung, der unabhängig vom Verschulden ist. Wenn Sie beispielsweise Ihren Öltank im Garten haben und dieser ohne Ihr Zutun leck wird und das auslaufende Heizöl das Grundwasser verseucht, dann haften Sie. Wenn ein Baum mit morschem Ast in Ihrem Garten steht, der über den Bürgersteig ragt und ausgerechnet dann herunterfällt, wenn sich ein Mensch direkt darunter aufhält, dann haften auch Sie.

Deshalb brauchen Sie unbedingt eine Privathaftpflichtversicherung. Sie zahlt, wenn der Haftungsfall eintritt. Zugleich vertritt sie in Zweifelsfällen Ihre Rechte: Sie wehrt unberechtigte Haftungsansprüche gegen Sie ab (es könnte ja sein, dass die Person, die auf Glatteis vor Ihrem Haus gestürzt ist, im Winter mit Stöckelschuhen unterwegs war). Das heißt, Sie haben mit einer Privathaftpflicht auch eine Art Mini-Rechtsschutzversicherung, wenn jemand Sie für etwas haftbar machen will, für das Sie eigentlich gar nicht haften müssten.

Die gute Nachricht lautet: Der Versicherungsschutz ist schon für vergleichsweise kleines Geld zu bekommen. Besonders günstig sind hier die Direktversicherer, die einen Onlineabschluss erlauben. Rechnen Sie mit 50 bis 150 Euro pro Jahr, je nachdem, ob Sie eine Selbstbeteiligung vereinbaren oder nicht. Wie Sie den Leistungsumfang erhöhen und die Prämien verringern können, dazu später mehr.

Diese Kriterien sollten erfüllt sein

Der Bund der Versicherten, eine aus meiner Sicht wirklich kompetente Instanz des Verbraucherschutzes, empfiehlt eine Mindestdeckungssumme von 15 Millionen Euro. Unbedingt empfehlenswert ist zudem eine so genannte Ausfalldeckung, die Ihnen selbst zugutekommt, wenn Sie einen existenzbedrohlichen Schadensfall erleiden. Eine Haftpflicht mit Ausfalldeckung kommt auch dafür auf, wenn Sie der Geschädigte sind und die Person, die den Schaden verursacht hat, nicht zahlen kann und auch keine Haftpflicht hat (in diesem Fall würde beispielsweise Ihre eigene Haftpflicht nach einem schweren, fremdverschuldeten Unfall Ihre Invalidenrente zahlen). Ratsam ist außerdem der Einschluss von Haftungsfällen bei Nachbarschaftshilfe, Gefälligkeiten und ehrenamtlichen Tätigkeiten. Bei Mietern sollte der Schlüsselverlust mitversichert sein, vor allem dann, wenn der Schlüssel zu einer Schließanlage gehört (der Schlossaustausch ist dann extrem teuer, weil alle Schlösser im Gebäude ausgetauscht werden müssen). Auch eine (meist im Leistungsumfang inbegriffene) Gewässerschadenhaftpflicht ist sinnvoll und sei es nur wegen womöglich auslaufender Kanister.

Berufsunfähigkeitsversicherung auch bei »harmlosen« Jobs

Ein Burnout mit 35, ein Herzinfarkt mit 50 oder eine Krebserkrankung im Alter von 55 Jahren: Berufsunfähig zu werden, ist unwahrscheinlich, glauben Sie? Die Zahlen der deutschen Versicherungswirtschaft sprechen eine andere Sprache. Demnach wird etwa jeder

Vierte im Laufe seines Berufslebens berufsunfähig, und betroffen sind keineswegs nur gefährliche Berufe wie Dachdecker oder Industriekletterer.

Die häufigsten Ursachen einer Berufsunfähigkeit sind nicht etwa Unfälle. Vielmehr stehen laut Gesamtverband der deutschen Versicherungswirtschaft

- auf Platz eins psychische Krankheiten und Nervenleiden mit einem Anteil von rund einem Drittel,
- auf Platz zwei Erkrankungen des Muskel- und Skelettapparates mit einem Anteil von einem knappen Viertel und
- auf Platz drei die Volkskrankheit Krebs, durch die etwa jeder Siebte berufsunfähig wird.

Jetzt verstehen Sie wahrscheinlich, warum eine Berufsunfähigkeitsversicherung unbedingt zu empfehlen ist. Allerdings wird es für Ältere immer schwieriger, sie zu erhalten, weshalb sich ein Abschluss in jungen Jahren empfiehlt. Das hat noch weitere Vorteile: Wer sich in jungen Jahren gegen Berufsunfähigkeit versichert, zahlt noch keine Risikoaufschläge, weil noch nicht klar ist, welchen potenziell gefährlichen Beruf er wählen wird. Bei einem Abschluss in späteren Jahren spielt der gewählte Beruf durchaus eine Rolle und für einen Dachdecker ist die Police dann tatsächlich teurer als für einen Buchhalter. Außerdem gibt es bei jungen Menschen meist noch keine Vorerkrankungen, die die Police entweder teurer machen, einen Leistungsausschluss bewirken oder sogar ganz zur Ablehnung des Versicherungsantrags führen.

Diese Kriterien sollten erfüllt sein

Die Versicherung sollte, falls nötig, bis zu Ihrem individuellen Renteneintrittsalter zahlen. Sie sollte zudem leisten, sobald eine Berufsunfähigkeit für mindestens sechs Monate vorliegt. Als monatliche Rate sollte sie etwa 80 Prozent Ihrer monatlichen Nettobezüge zahlen, mindestens jedoch 1000 Euro. Wenn Sie allerdings noch regelmäßig Geld aus anderen Quellen bekommen (z. B. Vermietung, Kapitaleinkünfte, Witwenrente), darf es auch entsprechend weniger sein. Sinnvoll ist eine Zahlung schon ab einem Berufsunfähigkeitsgrad von 50 Prozent und der Verzicht auf eine Karenzzeit (also auf eine Phase direkt nach Abschluss der Police, in der Sie schon Beiträge zahlen, aber bei Eintritt einer Berufsunfähigkeit kein Geld bekommen). Außerdem wichtig: Die Police sollte keine abstrakte Verweisung enthalten, Ihnen also im Falle einer Berufsunfähigkeit nicht vorschreiben, eine andere Tätigkeit auszuüben als Ihren ursprünglichen Beruf. Denn höchst fraglich ist, ob Sie bei schlechtem Gesundheitszustand und ohne entsprechende Ausbildung in einer anderen Tätigkeit noch unterkommen.

Risikolebensversicherung für Häuslebauer, Alleinerziehende und junge Familien

Was würde passieren, wenn Sie oder Ihr Partner sterben würde? Von der menschlichen Tragödie einmal ganz abgesehen, wären die finanziellen Folgen oft sehr, sehr hart. Stirbt der Hauptverdiener, steht die Familie plötzlich ohne Geld da.

Stirbt die Person, die sich zu Hause um die noch kleinen Kinder kümmert, dann müsste für teures Geld eine Betreuungslösung gefunden werden. Und wenn das Eigenheim noch nicht vollständig abbezahlt ist, dann müsste es womöglich verkauft werden, weil die Hinterbliebenen die fälligen Kreditraten nicht mehr bedienen können. Aus diesem Grund gehört die Risikolebensversicherung in vielen Fällen ebenfalls zu den existenziell notwendigen Versicherungen.

WICHTIG: LASSEN SIE SICH KEINE KAPITALLEBENSVERSICHERUNG ANDREHEN

Es sollte eine Risiko- und keine Kapitallebensversicherung sein, denn das sind zwei Paar Stiefel. Eine Risikolebensversicherung ist empfehlenswert, eine Kapitallebensversicherung nicht. Was ist der Unterschied? Bei einer Risikolebensversicherung zahlt der Versicherer nur im Schadensfall (also beim Tod der versicherten Person). Bei einer Kapitallebensversicherung wird auch Geld angespart für den Fall, dass diese Person zum Fälligkeitszeitpunkt noch am Leben ist: Sie erhält dann eine Auszahlung des Geldes, das extra für diesen Fall von den Prämien abgezweigt und angelegt oder angespart wird. Eine Kapitallebensversicherung ist dadurch viel teurer als eine Risikolebensversicherung.

Da das Geld äußerst konservativ und wenig rentabel angelegt wird, empfiehlt sie sich meistens nicht (Ausnahme: gut verzinste, steuerfreie Altverträge, die vor 2005 abgeschlossen wurden). Eine Kapitallebensversicherung bietet außerdem in der Regel nicht die nötige Deckung im Schadensfall. Der Großteil der Prämien wird für die Fälligkeitsleistung angespart. Also: Schließen Sie eine Risikolebensversicherung ab.

BEI PAAREN MIT KINDERN SOLLTEN BEIDE VERSICHERT SEIN

Wenn Sie nicht gerade Doppelverdiener mit zwei guten Einkommen sind, brauchen Paare zumindest dann zwei einzelne Risikolebensversicherungen,

- wenn sie noch minderjährige Kinder haben,
- wenn ihre Kinder noch in Ausbildung sind oder
- wenn ihr Eigenheim noch nicht vollständig abbezahlt ist und einer allein die Kreditraten nicht aus dem eigenen Einkommen stemmen kann.

Denn selbst wenn es bei einer Familie mit traditioneller Rollenverteilung nicht den Familienvater als Hauptverdiener trifft, sondern die Mutter: Wer soll sich um die Kinder kümmern, wenn der Vater arbeiten gehen muss? Falls nicht gerade die Großeltern vor Ort wohnen und einspringen, wird eine Vollzeitbetreuung und die Versorgung der Kinder meist sehr teuer. Ähnliches gilt fürs Eigenheim: Wenn nicht einer allein die Kreditraten stemmen kann, puffert die Leistung der Risikolebensversicherung die schlimmsten Folgen ab.

STEUERLICH IDEAL IST EINE »ÜBER-KREUZ-VERSICHERUNG«

Die Auszahlung einer Lebensversicherung zählt steuerlich in der Regel zum Erbe. Das heißt: Die Person, die sie erhält, muss versteuern, was zusammen mit dem sonstigen Erbe den steuerlichen Freibetrag übersteigt. Bei Ehepaaren beläuft sich dieser steuerliche Freibetrag auf 500 000 Euro, bei nicht verheirateten Paaren dagegen nur auf 20 000 Euro. Deshalb empfiehlt sich eine Über-Kreuz-Versicherung: Partner 1 (Versicherungsnehmer) schließt eine Lebensversicherung auf den Tod von Partner 2 (versicherte Person) ab, und Partner 2 (Versicherungsnehmer) eine Versicherung auf den Tod von Partner 1 (versicherte Person). Auf diese Weise zahlt jeder die Prämien für die später eventuell fällige Versicherungsleistung selbst, und das Finanzamt geht leer aus, weil die Versicherungssumme nicht als Nachlass eingestuft werden kann.

Welche Leistungen Sie brauchen

Anders als bei der Privathaftpflicht- und der Berufsunfähigkeitsversicherung gibt es keine allgemeingültigen Richtlinien, was Sie bei einer Risikolebensversicherung brauchen. Zu sehr kommt es auf Ihre persönlichen Lebensbedingungen und auf Ihr Einkommen und Vermögen an. Deshalb sollten Sie sich beraten lassen. Da nur wenige Versicherungsspezialisten eine kostenpflichtige, aber dafür gänzlich unabhängige Honorarberatung anbieten, empfiehlt sich der Gang zu einem Versicherungsmakler, der anders als ein Vertreter mehrere Versicherungsgesellschaften im Angebot hat (wenn auch nicht alle). Makler wissen außerdem auch, welche Versicherungen im Schadensfall unkompliziert agieren und bei welchen mit Schwierigkeiten zu rechnen ist.

Wie bei einer Berufsunfähigkeitsversicherung müssen Sie – bei entsprechenden Vorerkrankungen oder erblichen Gesundheitsrisiken – entweder mit höheren Prämien oder sogar mit einer Ablehnung Ihres Versicherungsantrags rechnen. Auch hier empfiehlt sich also ein Abschluss in jungen Jahren.

Diese Versicherungen können sinnvoll sein

Wer ein Auto hat, braucht eine Kfz-Haftpflicht (sie ist sogar gesetzlich vorgeschrieben). Wer einen Hund hat, der kommt nicht ohne Tierhalterhaftpflicht aus (auch diese schreiben viele Kommunen sogar als Voraussetzung für die Hundehaltung vor). Wer eine eigene Immobilie hat, für den ist eine Gebäudeversicherung mit Elementarschadenschutz schon deshalb empfehlenswert, weil ein Brand, Erdrutsch oder Hochwasser das Gebäude schlimmstenfalls komplett zerstören könnte. Auch eine Hausratversicherung kann sinnvoll sein, gerade wenn sich über die Jahre viele wertvolle Möbel, Teppiche und sonstige Einrichtungsgegenstände angesammelt haben. Wenn Sie der Gedanke allzu sehr beunruhigt, in einen Rechtsstreit hineingezogen zu werden, dann kann eine Rechtsschutzpolice empfehlenswert sein. Und wer gerne ins Ausland reist, für den ist eine Auslandsreisekrankenversicherung empfehlenswert, die Sie als Jahrespolice übrigens oft schon für 15 bis 20 Euro im Jahr erhalten. Auch über die drei genannten Muss-Versicherungen hinaus können also einzelne Policen durchaus sinnvoll oder sogar zwingend nötig sein.

Vieles ist Abwägungssache

Abgesehen davon gibt es vielleicht Risiken, die Sie persönlich sehr beunruhigen oder die im Eintrittsfall eine erhebliche finanzielle Belastung mit sich bringen würden. Sei es ein Rechtsstreit, ein Einbruch oder ein teurer, selbst verursachter Schaden am neuen Auto. Ob Sie sich mit einer passenden Versicherung (z. B. Rechtsschutz, Hausrat oder Vollkasko) dagegen absichern möchten, hängt von

Ihren individuellen Erwägungen ab. Die Empfehlung lautet jedoch generell: Weniger ist mehr. In aller Regel ist es besser, die Prämien für solche Policen zu sparen und das gesparte Geld anzulegen. Denn bedenken Sie: Auch mit einem dicken finanziellen Polster sind Sie zumindest gegen Schäden gut gewappnet, die Sie nicht gleich in Ihrer Existenz bedrohen. Und falls es nicht zum Schaden kommt, können Sie flexibel über das Geld verfügen.

Auf diese Versicherungen können Sie gut verzichten

Eine Reihe von Versicherungen wird von den Anbietern selbst gerne ins Spiel gebracht, weil angeblich sinnvoll oder sogar unverzichtbar. Aber seien wir ehrlich, die folgenden Policen brauchen Sie ganz sicher nicht:

- **Unfallversicherung:** Eine Unfallversicherung zahlt nur nach einem Unfall. Die Krux dabei ist die versicherungsrechtliche Definition dieses Begriffs. Ein Unfall ist gemäß den Bedingungen der Versicherer ein plötzliches, von außen auf den Körper einwirkendes, unfreiwilliges Ereignis, das zu einer gesundheitlichen Schädigung führt. Ein Herzinfarkt oder Schlaganfall ist kein Unfall, ein Zeckenbiss auch nicht. Wenn Sie jetzt noch berücksichtigen, dass in weniger als einem Zehntel der Fälle eine Berufsunfähigkeit auf einen Unfall zurückgeht, dann sehen Sie: Sie zahlen bei einer solchen Police viel dafür, um bei Bedarf dann doch ohne den eigentlich gewünschten Versicherungsschutz dazustehen.
- **Versicherung gegen häusliche Notfälle:** Diese Police springt ein, wenn Sie mal ohne Schlüssel aus dem Haus gegangen

sind und einen teuren Schlüsseldienst holen müssen. Oder wenn die Heizung am Feiertag streikt und der Notdienst viel mehr berechnet als der normale Service an Werktagen. Also alles Dinge, die zwar mal ein paar Hundert Euro kosten können, Sie aber nicht gleich finanziell ruinieren würden.

- **Ausbildungsversicherung für die Kinder:** Das ist eine kleine Kapitallebensversicherung. Hier sind die Kosten unverhältnismäßig hoch, der Anlageerfolg für die angesparten Prämien aber ist niedrig. Hier gilt die Devise: Lieber Geld ansparen, als für diesen Zweck eine Versicherung abzuschließen. Das ist rentabler.
- **Sterbegeldversicherung:** Hier gilt das Gleiche wie bei der Ausbildungsversicherung. Bei vielen Sterbegeldversicherungen sind die eingezahlten Prämien deutlich höher als die Leistungen, die die Hinterbliebenen im Sterbefall erhalten. Schließen Sie also besser keine solche Police ab, und wenn Sie eine haben, stellen Sie sie beitragsfrei.
- **Krankenzusatz-, Pflegezusatz- und Zahnzusatzversicherung:** Diese Policen sind in der Regel sehr teuer. Leistungsausschlüsse und Karenzzeiten (leistungsfreie Zeiten) bei Neuabschlüssen sind die Regel und nicht die Ausnahme. Bei schlechtem Gesundheitszustand bekommen Sie sie gar nicht erst. Auch hier empfiehlt es sich daher meist, die gewünschten Zusatzleistungen (Zweibettzimmer, Chefarztbehandlung, Erstattung von Zahnersatz etc.) aus dem eigenen Ersparten zu bestreiten.
- **Handy- und Elektronikversicherung:** Hand aufs Herz – sind Sie gleich ruiniert, wenn Ihr Tablet zu Bruch geht? Oder wenn Ihr Handy gestohlen wird? Wohl kaum. Also brauchen Sie eine solche Versicherung nicht. Außerdem gibt es

bei solchen Versicherungen sehr viel Versicherungsbetrug. So erhöhen sich etwa die Schadensmeldungen wegen angeblich gestohlener oder zu Bruch gegangener Smartphones sprunghaft, wenn wieder ein neueres, hipperes Smartphone-Modell auf den Markt kommt. Das ist doch komisch, oder? Es bedeutet aber: Solche Policen sind extrem teuer, weil der Versicherer auch die Betrugsfälle bei seiner Kostenkalkulation berücksichtigen muss. Denn selbst wenn er den Betrug häufig nachweisen kann und die Zahlung ablehnt – die Verwaltungskosten bei jeder Schadensmeldung trägt er allemal.
- Glasversicherung, Kurtagegeldversicherung, Fahrzeuginsassenversicherung, Reisegepäckversicherung, Reiseabbruchversicherung ...

Es gibt noch unzählige andere Policen, an denen sich die Versicherer eine goldene Nase verdienen und von denen Sie kaum etwas haben. Ich verzichte darauf und verweise Sie auf die oben genannten Prinzipien: Sichern Sie nur ab, was existenziell wichtig ist, und schließen Sie nichts ab, was eigentlich der Geldanlage oder Altersvorsorge dient. Das macht die Entscheidung deutlich leichter, ob sich ein Abschluss lohnt oder ob Sie damit nur Geld vergeuden.

Versicherungsbeiträge sparen leicht gemacht

Sie wissen jetzt, welche Versicherungen Sie unbedingt brauchen, welche zumindest eine Überlegung wert sind und welche entbehrlich sind. Aber zweifellos werden Sie feststellen: Die Versicherungsbeiträge, oft auch Prämien genannt, gehen ganz schön ins Geld, auch wenn Sie sich nur auf die absolut notwendigen Policen beschränken. Daher sollten Sie die folgenden Tipps unbedingt beherzigen, die Ihnen allesamt eine Vergünstigung bringen.

Vereinbaren Sie eine Selbstbeteiligung

Wie senken Sie die Prämien ganz leicht um zig Euro? Ganz einfach: Indem Sie eine Selbstbeteiligung im Schadensfall akzeptieren. Angenommen, das sind bei einer Privathaftpflicht nur 300 Euro. Schon dann weiß die Versicherung: Sie werden sich nicht mit Bagatellschäden an sie wenden, sondern wirklich nur bei größeren Schäden, die deutlich seltener vorkommen. Gerade die häufige Meldung von Klein- und Kleinstschäden (zertretene Brille, über einem teuren Teppich ausgeschütteter Wein, versehentlich hinabgestoßenes Meißner Porzellan) wird für die Versicherung aber sehr teuer: Oftmals übersteigen sogar die Personalkosten für die Schadensregulierung die eigentliche Schadenshöhe. Deshalb kann sie Ihnen im Gegenzug für eine Selbstbeteiligung einen deutlichen Rabatt auf die Versicherungsprämie anbieten.

Selbstbeteiligung ist bei vielen Policen möglich

Eine Selbstbeteiligung gibt es übrigens nicht nur bei der Privathaftpflicht, sondern beispielsweise auch bei der privaten Krankenversicherung. Da ist es oft die einzige Möglichkeit, die im Alter stark ansteigenden Prämien noch irgendwie abzupuffern. Ebenfalls üblich ist eine Selbstbeteiligung etwa bei der Kfz-Kasko oder -Teilkasko (bei der Kfz-Haftpflicht gibt es allerdings keine Selbstbeteiligung).

Zahlen Sie jährlich statt monatlich

Bei einigen Policen haben Sie die Wahl zwischen einer jährlichen, vierteljährlichen oder einer monatlichen Zahlung. Wenn Ihr Konto nicht gerade chronisch von Unterdeckung bedroht ist, stellen Sie auf jährliche Zahlweise um, etwa bei der Gebäude- oder Kfz-Versicherung. Denn die meisten Versicherer belohnen dies, weil dadurch der Verwaltungsaufwand für sie sinkt: Die Prämie muss dann nur einmal und keine zwölfmal im Jahr abgebucht werden. Wie hoch ist die Ersparnis? Rechnen Sie mit 2 bis 3 Prozent, bei einer Police für 500 Euro pro Jahr beläuft sich die Ersparnis also auf 10 bis 15 Euro.

Privathaftpflicht: Versichern Sie Ihren Partner kostenfrei mit

Sie sind jüngst mit Ihrem Partner zusammengezogen? Oder Sie wohnen als Ehepaar schon längst zusammen? Prima, dann haben Sie die wichtigste Voraussetzung zum Prämiensparen in der Privathaftpflicht schon erfüllt: den gemeinsamen Wohnsitz. Paare, gleichgültig ob verheiratet oder unverheiratet und ob verschieden- oder gleichgeschlechtlich, können zusammen eine einzige Privathaftpflichtversicherung abschließen, sie brauchen keine zwei Policen. Erforderlich ist lediglich, die Versicherung zu bitten, den Partner in eine bestehende Police aufzunehmen und den gemeinsamen Wohnsitz via Meldebestätigung oder Personalausweis zu belegen. Dann gibt es den Haftpflichtschutz für beide – ohne Kürzungen des Leistungsumfangs im Schadensfall.

Das machen die Versicherer übrigens nicht aus reiner Nächstenliebe. Vielmehr wissen sie, dass Schäden, die der eine Partner dem anderen versehentlich zufügt, besonders häufig angemeldet werden. Bei einer gemeinsamen Versicherung für beide Partner ist jedoch klar: Für solche Schäden muss der Versicherer dann nicht mehr aufkommen. Mal ehrlich: Wenn Sie dadurch Jahr für Jahr rund 50 Euro an Prämien sparen – dann ist es doch zu verschmerzen, dass Sie solche Schäden nicht melden können, oder nicht? Übrigens empfiehlt es sich ohnehin nicht, kleine Schäden der Versicherung zu melden. Denn das kann extrem riskante Folgen haben. Dazu später mehr.

Kfz-Versicherung: Beschränken Sie den Fahrerkreis

Wer sicher sagen kann, wer mit dem eigenen Auto fahren wird und wer nicht, der spart bei der Kfz-Versicherung Prämien im erheblichen Umfang. Das gilt sowohl bei der Kfz-Haftpflicht als auch bei der Teil- und Vollkasko. Besonders teuer sind im Gegenzug vor allem sehr junge und sehr alte Fahrer, denn gemäß den Schadensstatistiken verursachen sie besonders häufig Unfälle. Wenn Sie also sagen können, »Mein Auto fahre nur ich selbst und gegebenenfalls noch mein Mann, und wir sind beide zwischen 25 und 60 Jahre alt«, ist dies eine gute Voraussetzung zum Prämiensparen. Bis zu 40 Prozent Rabatt auf die Versicherungsbeiträge sind allein durch diese Festlegung möglich. Klar ist: Wenn das eigene Kind den Führerschein neu erworben hat und das Familienauto mitnutzen will, dann müssen Sie dies der Versicherung ehrlich melden, denn dann funktioniert dieser Spartipp nicht mehr.

Kfz-Voll- oder -Teilkasko: Manchmal lohnt sich eine Werkstattbindung

Der Begriff »Werkstattbindung« bedeutet: Sie lassen sich von Ihrer Kasko- oder Teilkaskoversicherung vorschreiben, in welche Werkstatt Sie Ihr Auto im Schadensfall bringen. Eine Überlegung ist das vor allem dann wert, wenn Sie nicht etwa einen hochwertigen Neu- oder Jahreswagen haben, dessen Garantieleistungen (z. B. Mobilitätsgarantie) vor allem davon abhängig gemacht werden, dass Sie ihn ausschließlich in einer Markenwerkstatt reparieren und warten lassen.

Gerade bei älteren Fahrzeugen kann eine Werkstattbindung eine vertretbare Lösung sein: Der Versicherer hat feste Verträge mit bestimmten Kfz-Werkstätten, die an keinen festen Hersteller gebunden sind. Diese Verträge sichern ihm eine kostengünstige Ausführung, der Werkstattbetreiber profitiert von der guten Auslastung. Und Sie als Autobesitzer bekommen dafür einen satten Prämienrabatt.

Überlegen sollten Sie sich trotzdem gut, ob Sie die Werkstattbindung akzeptieren. Zum einen stellt sich natürlich die Frage, wie weit die nächste Vertragswerkstatt von Ihrem Zuhause entfernt ist (auch wenn die Abholung Ihres kaputten Autos häufig im Versicherungsschutz inbegriffen ist). Zum anderen bekommen die Vertragswerkstätten von den Versicherern zum Teil so wenig Geld für die Reparaturen, dass die Arbeiten extrem schnell und damit oft zwangsläufig auch schlampig durchgeführt werden.

Daher gilt bei diesem Punkt die Devise: Wenn Sie selbst eine Werkstatt haben, der Sie voll und ganz vertrauen, dann kommt die Werkstattbindung nicht infrage. Auch sollten Sie bei Preisvergleichen zur Kfz-Versicherung (z. B. bei Check24) bei den günstigsten Anbietern unbedingt prüfen, ob man Ihnen nicht automatisch eine Werkstattbindung aufdrückt. Zudem haben die Versicherer bei Nichteinhaltung der Werkstattbindung die Reparaturrechnungen im Schadensfall um 15 Prozent gekürzt; heute dagegen lehnen einige in Tarifen mit Werkstattbindung die Übernahme der Kosten komplett ab, wenn das versicherte Fahrzeug zu einer anderen Werkstatt gebracht wird. Hier gilt es also genau abzuwägen, ob Sie mit einer Werkstattbindung glücklich werden.

Telematiktarife bei Kfz-Versicherungen: In manchen Fällen zumindest einen Versuch wert

Der englische Slogan für Telematiktarife lautet: »Pay as you drive.« Übersetzt bedeutet dies in etwa: »Bezahle, wie du fährst« oder, etwas freier: »Bezahle gemäß deinem Fahrverhalten«. Telematiktarife haben längst nicht alle Kfz-Versicherer im Angebot; zudem ist diese Form der Beitragsermittlung noch recht neu.

SO FUNKTIONIEREN TELEMATIKTARIFE

Wer einen Telematiktarif abschließt, der muss meist eine Smartphone-App herunterladen und das Smartphone beim Autofahren immer mitnehmen. Alternativ oder zusätzlich wird ein Stecker in den Zigarettenanzünder im Auto gesteckt oder eine Telematikbox per Steckverbindung an den Bordcomputer angeschlossen, was natürlich nur bei neueren Fahrzeugen möglich ist (die dafür nötige OBD-Schnittstelle ist bei Neuwagen seit 2004 serienmäßig enthalten). Wenn das Auto bewegt wird, wird das eigene Fahrverhalten aufgezeichnet. Einige Versicherer geben dafür eine bestimmte Mindestkilometerzahl vor, andere verlangen, dass die App bei jeder Fahrt aktiviert wird (wenn es in Einzelfällen mal vergessen wird, ist das aber nicht weiter nachteilig). Das System registriert beispielsweise:

- ob der Fahrer häufig stark beschleunigt und abbremst,
- ob er eher selten oder eher häufig gegen Streckenverbote und Geschwindigkeitsbegrenzungen verstößt,
- wie das Fahrzeug in Kurven liegt,
- ob das Auto rasant oder gemäßigt in eine Kurve hineinfährt,

- ob jemand eher auf ruhigen Landstraßen und Autobahnen oder im turbulenten Stadtverkehr unterwegs ist (bei Letzterem ist die Unfallwahrscheinlichkeit größer),
- ob das Auto zu wirklichen Stoßzeiten bewegt wird oder vorwiegend dann, wenn es auf den Straßen ruhig zugeht,
- zu welcher Uhrzeit das Auto bewegt wird (nachts passieren mehr Unfälle).

Auch hier werben die Versicherer mit möglichen Ersparnissen von 10 bis 30 Prozent, und häufig bieten sie im ersten Jahr sogar einen zusätzlichen, festen Rabatt von beispielsweise 10 Prozent an. Viele machen auch transparent, welches Kriterium bei der Prämienermittlung wie stark berücksichtigt wird.

ALS AUTOFAHRER WERDEN SIE GLÄSERN

Es ist nicht jedermanns Sache, sich durch einen solchen Tarif komplett durchleuchten zu lassen, auch wenn die Versicherer versprechen, dass die Daten anonymisiert, das heißt ohne Verknüpfung zu Ihrem Namen, erhoben werden. Nachprüfen können Sie das ohnehin nicht.

Wer aber kein Problem damit hat, vom eigenen Bewegungsprofil bis hin zu den eigenen Fahrzeiten und zum eigenen Fahrstil alles dem Versicherer preiszugeben, der kann zumindest einmal ausprobieren, ob ein solcher Tarif zu einer wirklichen Prämienersparnis führt. Angeboten wird er häufig aber nur mit Altersbeschränkung, im Fokus der Versicherer sind vor allem die jungen Fahrer.

Manche Tarife lassen sich ohne Abschluss testen

Immerhin eine gute Nachricht gibt es im Zusammenhang mit Pay-as-you-drive-Tarifen: Einige Telematik-Apps können Sie auch aufs Handy laden, ohne zuvor einen Telematiktarif abgeschlossen zu haben. Und diese Apps geben Ihnen in der Regel eine Auswertung Ihres Fahrverhaltens. Daran sehen Sie, was Sie womöglich verbessern können, Sie sehen aber auch, was die App als schlecht eingestuft hat. Dies im Vorfeld zu testen, ist eine gute Idee, wenn ein Telematiktarif für Sie grundsätzlich infrage kommt. Daran lässt sich auch ersehen, welche Ersparnis Sie erzielen würden.

RABATTE BIS 30 PROZENT WERDEN ANGEPRIESEN – ABER SELTEN ERREICHT

Den theoretisch möglichen Höchstrabatt von meist 30 Prozent erreichen die Fahrer nach bisherigen Erkenntnissen so gut wie nie. Am ehesten lohnt sich Telematik für Menschen, die ihr Auto ohnehin selten bewegen. Ebenfalls vielversprechend ist ein Telematiktarif bei Führerscheinneulingen, die in »normalen« Fahranfängertarifen zumeist als unsichere oder viel zu risikofreudige Fahrer eingestuft werden. Wer bedacht fährt und keine unnötigen Risiken eingeht, ist hier im Vorteil.

Rechnen Sie aber nicht damit, dass Sie als erfahrener Autofahrer mit defensiver Fahrweise die maximal mögliche Ersparnis erreichen. Denn selbst wenn Ihre Selbsteinschätzung stimmt, sehen Sie an der obigen Liste: Nicht alles, was Ihren Rabatt bestimmt, können Sie wirklich selbst beeinflussen. Wenn Sie morgens zur Stoßzeit eine vielbefahrene Strecke zu Ihrem Arbeitsplatz zurücklegen und abends, abermals zur Stoßzeit, wieder zurück, dann verringert das Ihren Rabatt.

Stellen Sie alte, teure auf neue, günstige Versicherungstarife um

Bestimmte Versicherungen in Ihrem Bestand werden praktisch im Jahresrhythmus immer teurer. So zum Beispiel die Kfz-Versicherung. Oder auch die Privathaftpflicht. Bei Neuabschluss ködert Sie der Versicherer noch mit günstigen Preisen. Wenn Sie erst Kunde sind und nicht zu den wenigen Menschen gehören, die andauernd wechseln, dann müssen Sie eine Preiserhöhungsrunde nach der anderen über sich ergehen lassen.

Andere Policen werden zwar nicht ständig teurer gemacht – aber es gibt sie heute billiger als früher. Das betrifft vor allem Sachversicherungen (also keine Lebens- und Rentenversicherungen).

Es lohnt es, die Versicherungsunterlagen mal herauszukramen und sich die Laufzeiten anzusehen. Üblicherweise haben Sie einen Monat Kündigungsfrist – entweder zum Jahresende oder bezogen auf das Abschlussdatum. Aber Sie brauchen gar nicht zu kündigen, um trotzdem in den Genuss eines Rabatts zu kommen. Oft genügt schon ein Anruf bei Ihrem Versicherer und die Bitte um eine Umstellung auf den neuesten Tarif.

ZUM HINTERGRUND: WARUM NEUE TARIFE OFT GÜNSTIGER ODER BESSER SIND

Der Versicherer kalkuliert üblicherweise die Tarife für Neukunden jährlich neu. Dabei muss er mit spitzem Bleistift rechnen, denn wenn seine Konkurrenz besagte Policen billiger anbietet, dann entscheiden sich die Kunden gegen ihn und für besagte Konkurrenz. Das bedeutet für Sie: In neueren Tarifen ist oft der gleiche Leistungsumfang günstiger zu haben. Selbst wenn Sie also nicht vorhaben, den Versicherer zu wechseln, so kann es sich doch lohnen, Ihre bisherige Police auf den neuesten Tarif umstellen zu lassen. Dafür reicht ein einziger Anruf beim Versicherer. Vergewissern Sie sich aber, dass der Leistungsumfang mindestens gleich bleibt.

HAKEN SIE JÄHRLICH NACH: GÜNSTIGERER TARIF VERFÜGBAR?

Sie erhalten die Bestätigung der Umstellung dann per Post. Gerade in der Kfz-Versicherung kann Ihnen dieser Anruf allein schon 50 bis 100 Euro bringen. Die neuen Tarife stehen hier üblicherweise ab Mitte Oktober zur Verfügung, denn gewechselt wird für gewöhnlich zum Ende des Kalenderjahres, was eine Kündigung zum 30. November nötig macht. Sie wissen jetzt aber: Sie brauchen gar nicht unbedingt zu wechseln. Eine Tarifumstellung bringt auch schon etwas – und erfordert längst nicht so viel Schriftkram. Übrigens sollten Sie sich daran gewöhnen, einmal jährlich bei Ihrem Versicherer anzurufen und zu fragen, ob der neue Tarif bei gleichem Schutz nicht günstiger ist als der alte. Das ist zwar nicht immer so – aber manchmal.

Hausratversicherung: Stellen Sie den Tarif um und erhalten Sie mehr Leistung

Nicht immer können Sie mit einem Anruf einen Rabatt für sich herausschlagen – denn eine Garantie dafür, dass Neukundentarife günstiger sind als diejenigen für die Bestandskunden, gibt es natürlich nicht. Aber viele Versicherungen bieten inzwischen einen größeren Leistungsumfang, und vielleicht ist dieser gleichzeitig sogar bei Neuabschlüssen schon zum Standard geworden. Dieser umfassendere Schutz geht vor allem auf das Konto der Verbraucherschützer. Diese prangern regelmäßig an, welche eigentlich erwartbaren Leistungen ein Versicherer dann überraschenderweise doch nicht erbracht hat, weil der betreffende Schaden im Kleingedruckten ausgeschlossen oder die Leistung gedeckelt war. Entsprechend bessern die Versicherer ihre Tarife immer wieder nach – auch um negative Berichterstattung zu vermeiden.

Ein klassisches Beispiel dafür ist die Hausratversicherung, die zwar nicht zu den existenziell wichtigen Versicherungen gehört, die aber doch für viele eine Beruhigung darstellt, zumal auch Schäden mitversichert sind, die durch einen Einbruchdiebstahl verursacht wurden. Viele ältere Tarife beschränken die Leistungen bei Bargeld, Schmuck, Armbanduhren, Edelmetallen und Münzsammlungen auf 20 Prozent des Wertes. Das bedeutet: Hat ein Einbrecher Preziosen im Wert von 10 000 Euro mitgenommen, dann erhalten Sie dafür gerade einmal 2000 Euro. Bei neueren Tarifen gibt es zwar auch eine prozentuale Begrenzung, doch liegt diese mit 40 Prozent doppelt so hoch. Schon deshalb lohnt es sich, beim Versicherer anzurufen, sich über die Konditionen des neuesten Tarifs zu informieren und um Umstellung zu bitten, wenn dieser den besseren Schutz oder den größeren Leistungsumfang bietet. Natürlich könnten Sie auch den Versicherer wechseln. Aber unbürokratischer ist diese Variante.

Kranken- und Unfallversicherung: Meiden Sie Tarife mit Prämienrückgewähr

Bei privaten Krankenversicherungen gibt es oft Tarife mit Prämienrückgewähr. Wenn Sie in einer bestimmten Zeitperiode keine Arzt- oder Therapierechnungen einreichen, erhalten Sie einen Teil der gezahlten Prämien zurück. Auch manche Unfallversicherung wird mit Prämienrückgewähr angeboten.

Dieses Angebot klingt, als müssten Sie die Prämien nur aufbringen, wenn Sie im Gegenzug Leistungen von der Versicherung auch wirklich in Anspruch nehmen. Und als erhielten Sie nicht benötigte Prämien zurück. Das ist aber ein Irrtum. Denn die Prämien sind im Vergleich zu Tarifen ohne Prämienrückgewähr von Anfang an höher. Sie zahlen also mehr ein, und dieser Mehrbetrag wird Ihnen von der Versicherung dann wieder (teilweise) erstattet, wenn Sie sie wirklich nicht brauchen. Wenn doch, dann ist dieses Geld für Sie verloren.

Lassen Sie sich auf eine solche Mogelpackung nicht ein. Wenn Sie sich privat kranken- oder unfallversichern (müssen), dann wählen Sie stets einen Tarif ohne Prämienrückgewähr. Diese sind erheblich billiger – und über das gesparte Geld können Sie stets unabhängig davon verfügen, ob Sie eine Versicherungsleistung beanspruchen oder nicht.

Rechtsschutzversicherung: Prüfen Sie, ob Sie noch alle Module brauchen

Eine Rechtsschutzversicherung gehört nicht zu den existenziell wichtigen Policen. Sie ist nur sinnvoll, wenn der Gedanke an einen Rechtsstreit Sie wirklich schlecht schlafen lässt. Falls Sie dennoch auf eine Rechtsschutzversicherung nicht verzichten wollen und längst eine abgeschlossen haben, so sollten Sie diese Police von Zeit zu Zeit überprüfen. Denn: Nicht immer brauchen Sie das komplette Rundum-sorglos-Paket, das üblicherweise Privat-, Arbeits-, Verkehrs-, Miet- und Nachbarrecht einschließt und sich manchmal auch auf Steuer-, Sozial-, Kapitalanlage-, Straf- und Verwaltungsrecht erstreckt. Denn eine Rechtsschutzversicherung besteht immer aus einzelnen Bausteinen, die Sie bei Bedarf auch dazubuchen oder weglassen können. Angenommen, Sie sind längst in Rente gegangen. Dann brauchen Sie keinen Arbeits- und Berufsrechtsschutz mehr. Denn Sie müssen weder rechtlich gegen eine ungerechtfertigte Abmahnung vom Chef vorgehen noch Kündigungsschutzklage erheben, wenn Ihnen widerrechtlich gekündigt wurde.

Ebenso unnötig ist beispielsweise eine Rechtsschutzversicherung fürs Mietrecht, wenn Sie weder Mieter noch Vermieter sind. Stellen Sie sich also aus den vorhandenen Modulen lieber ein passendes Paket zusammen, als alles zu akzeptieren, was der Versicherer so anbietet. Dann sparen Sie in erheblichem Umfang Prämien.

Kapitallebens- und Rentenversicherungen: Ein Neuabschluss ist extrem unrentabel

Versicherungen für die Geldanlage – das ist in aller Regel unrentabel. Denn zum einen zieht der Versicherer von den eingezahlten Prämien gleich einmal Gebühren ab, darunter die Abschlussprovision für den Vermittler oder Makler sowie die Verwaltungskosten, die er selbst einbehält. Ein weiterer Teil der Prämien wandert in den Topf, aus dem im Schadensfall die Versicherungsleistung bestritten wird. Bei Kapitallebensversicherungen wird in diesem Topf das Geld mehrerer Versicherungsnehmer zusammen für die Todesfallleistungen zurückgelegt (bei Rentenversicherungen entfällt dieser Punkt). Nur, was nach Abzug von Gebühren und gegebenenfalls Todesfallschutz übrig bleibt, das legt der Versicherer wirklich für Sie an. Man spricht hier vom so genannten Sparanteil der Prämien. Machen Sie sich keine Illusionen über dessen Höhe: Wenn von 100 Euro Monatsprämie 75 Euro für Sie angelegt werden, dann ist das schon viel.

Diese zwei Varianten sind üblich

Hier stellt sich natürlich die Frage, wie (rentabel) der Versicherer das Geld anlegt. Zunächst kommt es darauf an, welche Art von Kapitallebens- oder Rentenversicherung Sie gewählt haben:

- **Bei der klassischen Variante** sind die Anbieter vom Gesetzgeber dazu verpflichtet, das Geld ihrer Kunden ausgesprochen konservativ anzulegen – der Großteil wandert also in kaum verzinste Staatsanleihen. Garantiert wird Ihnen lediglich der so genannte Höchstrechnungszins, der deshalb oft auch garantierter Mindestzins oder Garantiezins genannt wird. Bei einem Neuabschluss zum heutigen Zeitpunkt beläuft sich dieser Garantiezins auf 0,9 Prozent pro Jahr. Wohlgemerkt – diese Garantie bezieht sich nur auf den Sparanteil der Prämien. Ob der Versicherer darüber hinaus noch Überschüsse erwirtschaftet, ist nicht gesagt und im aktuellen Niedrigzinsumfeld außerdem schwierig. (Nebenbei bemerkt: Noch bis 2004 belief sich dieser Garantiezins auf immerhin 3 bis 4 Prozent pro Jahr und war damit deutlich attraktiver. Lesen Sie daher im nächsten Abschnitt, was Sie mit alten Policen machen sollten, die Sie vor 2005 abgeschlossen haben.)
- **Bei der fondsgebundenen Variante** wird der Sparanteil Ihrer Prämien in einen oder mehrere Investmentfonds gesteckt. Oft haben Sie als Versicherungsnehmer eine gewisse Wahlmöglichkeit und können sich für einzelne Fonds entscheiden (offensiv, defensiv, Aktienfonds, Mischfonds). Die Auswahl ist allerdings eingeschränkt und eine Umschichtung während der Laufzeit meist nicht vorgesehen. Außerdem investieren die Versicherer das Geld ihrer Kunden lieber in eigene Pro-

dukte als in die anderer Fondsgesellschaften. Rechnen Sie also besser nicht damit, auf diese Weise im Versicherungsmantel einen großartigen Börsenerfolg zu erzielen. Garantien gibt es bei der fondsgebundenen Kapitallebens- oder Rentenversicherung auch keine – macht der betreffende Fonds ein Minus, dann schrumpft eben auch die Fälligkeitsleistung zusammen.

Fehlende Flexibilität ist ein weiteres Problem

Kapitallebens- und Rentenversicherungen sind nicht nur unrentabel, sondern zudem sehr unflexibel: In der Regel zwingt der Versicherer Sie, Ihre Prämien jahrelang einzuzahlen – unabhängig davon, wie Ihre Lebenssituation gerade aussieht und ob die Prämien ein großes Loch in Ihre Kasse reißen. Bei einer vorzeitigen Kündigung erhalten Sie nur den Rückkaufswert, bei Stilllegung des Vertrags wird der Versicherer zumindest eine Stornogebühr vom bisher Ersparten abziehen. Da überdies bei einer Kapitallebensversicherung üblicherweise auch die Todesfallleistung nicht das bringt, was die Hinterbliebenen zur Absicherung wirklich brauchen, gibt es hier nur einen Rat: Finger weg! Schließen Sie solche Policen nicht ab. Es gibt bessere Möglichkeiten zur Geldanlage (siehe dazu die Ausführungen im letzten Kapitel dieses Buches).

Alte Kapitallebens- und Rentenversicherungen: Manchmal ist die Weiterführung rentabel

Sie wissen jetzt: Bei klassischen Kapitallebens- und Rentenversicherungen ist ein Neuabschluss nicht empfehlenswert. Die aktuell extrem niedrigen und mitunter sogar negativen Zinsen sorgen allerdings dafür, dass alte Policen als Geldanlage unter Umständen schon wieder recht attraktiv sind, zumal sie als ausgesprochen sicher gelten dürfen. Das hat zwei Gründe: zum einen der garantierte Mindestzins aus früheren Jahren und zum anderen die steuerliche Behandlung solcher Policen.

Der garantierte Mindestzins alter Policen ist attraktiv

Bei Neuabschlüssen klassischer Kapitallebens- und Rentenversicherungen seit 2017 liegt der Höchstrechnungszins (= garantierter Mindestzins oder Garantiezins) nur bei 0,9 Prozent pro Jahr. Nicht so bei älteren Policen. Da war er zum Teil erheblich höher. Die folgende Grafik zeigt Ihnen, wie sich der garantierte Mindestzins in den vergangenen Jahren und Jahrzehnten entwickelt hat. Maßgeblich ist jeweils das Abschlussjahr, in dem auch die erste Prämienzahlung erfolgt ist.

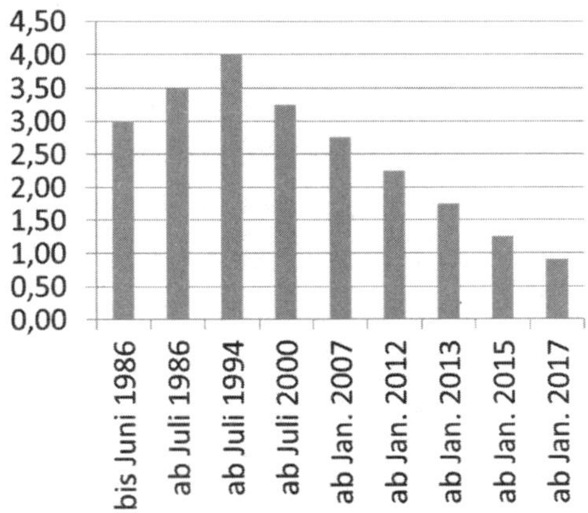

Entwicklung des garantierten Mindestzinses bei klassischen Kapitallebensversicherungen (in Prozent pro Jahr)

Sie sehen: Bis einschließlich Dezember 2006 belief sich der Höchstrechnungszins auf Werte von 3 bis 4 Prozent pro Jahr. Selbst wenn Sie berücksichtigen, dass nur der Sparanteil der Prämien (ca. drei Viertel Ihrer Einzahlungen) vom Versicherer angelegt wird, so bringen Policen, die Sie bis 2006 abgeschlossen haben, doch immerhin Zinsen von rund 2,25 bis 3,0 Prozent pro Jahr. Denn die Garantiezinsen ändern sich während der Laufzeit nicht mehr – sie sind festgeschrieben bis zur Fälligkeit. Das aber heißt: Ganz so unattraktiv wie neu abgeschlossene Verträge sind alte Policen nicht. Falls Sie das Geld nicht akut benötigen und auch die Prämien weiter aus Ihren laufenden Einkünften bestreiten können, spricht nichts gegen eine Fortführung. Und wie gesagt, es gibt noch einen zweiten Grund, zumindest diejenigen Verträge zu behalten, die Sie vor 2005 abgeschlossen haben und für die Sie bei Fälligkeit eine Einmalzahlung bekommen und keine monatliche Rente.

Dazu kommt die Steuerfreiheit von Altverträgen

Die Auszahlung bei Fälligkeit bleibt gänzlich steuerfrei, sofern sie in einer Summe erfolgt. Das gilt für diejenigen Kapitallebensversicherungen, die vor 2005 abgeschlossen wurden (die genauen Voraussetzungen erspare ich Ihnen hier, weil ohnehin so gut wie alle Altverträge sie erfüllen). Sie müssen also auf die Gewinne weder Abgeltungsteuer zahlen, noch müssen Sie sie mit Ihrem persönlichen Einkommensteuersatz versteuern. Auch Einmalzahlungen aus vor 2005 abgeschlossenen Rentenversicherungen mit Kapitalwahlrecht bleiben steuerfrei. Das ist bei anderen Geldanlagen anders, bei denen nur 801 Euro pro Jahr (bei zusammen veranlagten Ehepaaren 1602 Euro pro Jahr) steuerfrei bleiben können und der Rest der Besteuerung unterliegt.

Meist empfehlenswert: Behalten Sie vor 2005 abgeschlossene Policen

Solche aus heutiger Sicht rentablen Policen sollten Sie also wie gesagt ohne Not nicht kündigen. Sie haben stattdessen folgende Alternativen:

- **Sie führen den Vertrag fort:** Das heißt, Sie zahlen weiterhin Ihre regelmäßigen Beiträge ein, und der Versicherer ist weiterhin verpflichtet, mindestens den Garantiezins auf den Sparanteil Ihrer Prämien zu erwirtschaften. Wenn Ihre finanzielle Situation es zulässt, machen Sie das!
- **Sie stellen den Vertrag beitragsfrei:** Das heißt, Sie teilen dem Versicherer mit, dass Sie ab sofort keine Einzahlungen mehr leisten werden. Der bisher eingezahlte und für Sie angelegte Sparanteil der Prämien wird weiterhin für Sie angelegt und muss weiterhin mindestens den Garantiezins bringen. Der Todesfallschutz bleibt zumindest teilweise erhalten (Hinterbliebene bekommen aber weniger als die ursprünglich vereinbarte Summe). Diese Variante empfiehlt sich, wenn Sie aktuell keine Möglichkeit sehen, die laufenden Prämien in der geforderten Höhe aufzubringen.
- **Sie kündigen den Vertrag:** Diese Option sollten Sie nur nutzen, wenn es gar nicht anders geht. Eine Kündigung ist umso unattraktiver, je kürzer die Restlaufzeit bis zur Fälligkeit ist. Wenn irgend möglich, vermeiden Sie die Kündigung, denn Sie erhalten dann nur den so genannten Rückkaufswert. Das ist meist deutlich weniger als die Versicherungsleistung bei Fälligkeit.
- **Sie verkaufen Ihre Police:** Es gibt noch einige wenige Anbieter, die »gebrauchte« Kapitallebensversicherungen oder Renten-

versicherungen mit Kapitalwahlrecht kaufen, so zum Beispiel cash.life (www.cashlife.de), Policen Direkt (www.policendirekt.de) oder Winninger (www.winninger.de). Allerdings nehmen sie nicht alle Policen. Manche kaufen nur Gebrauchtpolicen, die einen bestimmten Rückkaufswert bereits erreicht haben, andere nur Policen, deren Auszahlung wirklich steuerfrei bleibt. Der Vorteil eines solchen Verkaufs: Sie erhalten oft etwas mehr als den Rückkaufswert.

- **Sie beleihen Ihre Police:** Das heißt, Sie nutzen die Lebensversicherung als Sicherheit für einen Kredit, den Sie aufnehmen. Solche Policendarlehen vergeben beispielsweise die SWK Bank (www.swk-bank.de) oder die Volksbank Weschnitztal (www.lv-kredit.de). Diese aktuell vielbeworbene Option empfehle ich Ihnen allerdings nicht. Denn in der Regel müssen Sie ein endfälliges Darlehen aufnehmen, also einen Kredit, bei dem Sie bis zur Fälligkeit nur die Zinsen zahlen und Ihre Schulden erst am Schluss in einer Summe tilgen. Das ist nicht gerade attraktiv und kommt höchstens infrage, wenn Sie bis zur Auszahlung der Fälligkeitsleistung nur noch wenige Monate oder maximal ein bis zwei Jahre haben. Dann nutzen Sie die Auszahlung zur Schuldentilgung, die Versicherung berechnet Ihnen keine Stornogebühren, und mit etwas Glück kompensieren die vom Versicherer erwirtschafteten Gewinne (Garantiezins plus Überschussbeteiligung) die Zinsen, die Sie für das Darlehen gezahlt haben.

Lebensversicherung: Legen Sie unbedingt fest, wer die Todesfallleistung erhält

Wen haben Sie im Versicherungsvertrag Ihrer Kapital- oder Risikolebensversicherung als Empfänger der Todesfallleistung eintragen lassen? Das ist keineswegs egal. Denn ein falscher oder fehlender Eintrag kann zu einem erbitterten Streit unter den Hinterbliebenen führen oder schlimmstenfalls dazu, dass ausgerechnet die Person, die Sie absichern wollten, leer ausgeht. Dazu möchte ich Ihnen einen Fall vorstellen, der vor dem Bundesgerichtshof (BGH) verhandelt wurde.

Ein Fall vor dem BGH: Ex-Frau war noch als Empfängerin eingetragen

Ein Mann hatte seine Ehefrau bei der betrieblichen Kapitallebensversicherung (Direktversicherung) als »Bezugsberechtigte«, sprich Empfängerin für die Todesfallleistung, eintragen lassen. Die Ehe scheiterte, und einige Zeit später heiratete er eine andere Frau. Er informierte die Versicherung telefonisch darüber und bat darum, künftig seine neue Frau als Empfangsberechtigte einzutragen. Eine schriftliche Bestätigung darüber erhielt er nie. Groß war das Entsetzen seiner neuen Frau, als nach seinem Tod die Versicherungsleistung an seine Ex-Frau ausgezahlt wurde. Sie verklagte den Versicherer, aber ihre Klage scheiterte. Die Auszahlung an die Ex-Frau sei rechtens gewesen, urteilte der Bundesgerichtshof. Die Änderungen seien nicht wirksam gewesen, da nur telefonisch durchgegeben. Er hätte die Änderung der empfangsberechtigten Person schriftlich mitteilen sollen (22.07.2015, Az. IV ZR 437/14). Die Ex-Frau sei deshalb die rechtmäßige Empfängerin.

Wichtig: Empfangsberechtigte Person wirksam ändern

Nun einmal Hand aufs Herz: Wissen Sie, wen Sie bei Ihrer Lebensversicherung als Empfänger der Todesfallleistung festgelegt haben? Falls Sie dazu keine Angaben bei der Versicherung gemacht haben, zahlt diese die Summe an die Erben aus. Diese müssen sich entsprechend mit einem Erbschein oder einem eröffneten notariellen Testament als rechtmäßige Empfänger legitimieren.

Es gibt jedoch auch missverständliche Festlegungen, die der Versicherer anders (sprich: juristisch korrekt) interpretiert, als sie vom Versicherungsnehmer gemeint waren. Beispiel: Er verlangt eine Auszahlung an »die gesetzlichen Erben«. Dann geht die Auszahlung an diejenigen Personen, die von Gesetzes wegen erben (würden). Das können ganz andere Menschen sein als die, die im Testament als Erben festgelegt sind. Die Auszahlung erfolgt dann abseits vom restlichen Nachlass an ebendiese gesetzlichen Erben. Die »gesetzlichen Erben« sind übrigens zumeist Ehepartner (zu einer Hälfte) und die gemeinsamen Kinder (zusammen zur anderen Hälfte).

Mein Tipp: Legen Sie die Person oder Personen, die die Auszahlung erhalten sollen, namentlich fest und geben Sie der Versicherung auch deren Adresse(n). Teilen Sie ihr zudem schriftlich mit, welche Aufteilung Sie wünschen, also welcher Empfänger wie viel Prozent der Todesfallleistung erhalten soll. Damit vermeiden Sie Missverständnisse und Streitereien. Wichtig ist außerdem, Ihre Festlegungen von Zeit zu Zeit zu überprüfen und bei Bedarf zu aktualisieren. Gerade nach einer Scheidung oder Trennung kann es, wie der oben genannte BGH-Fall zeigt, nötig sein, die empfangsberechtigte Person zu ändern (die im Versicherungsjargon manchmal auch als bezugsberechtigte Person bezeichnet wird).

Sachversicherungen: Melden Sie nicht jeden Bagatellschaden

Melden Sie nicht jeden noch so kleinen Schaden der Versicherung, selbst wenn er im Leistungsumfang enthalten sein sollte. Dieser Rat, der für viele Versicherungen gilt, sei hier einmal anhand der Privathaftpflicht besonders eindrücklich erläutert.

Viele Menschen betrachten ihre Haftpflichtversicherung als eine Art Freibrief, wirklich jeden noch so kleinen Schaden zu melden. Ein Weinfleck auf dem teuren Kaschmirschal einer Freundin, eine versehentlich vom Tisch gefegte Vase, ein verbogenes Fahrrad – häufig bekommt der Verursacher den Ratschlag: »Melde es doch einfach deiner Haftpflicht, die übernimmt den Schaden.«

KLEINE SCHÄDEN VERURSACHEN UNVERHÄLTNISMÄSSIG HOHE VERWALTUNGSKOSTEN

Manche Haftpflichtversicherungen schließen Bagatellschäden in ihren Klauseln aus und zahlen erst ab einem Schaden von beispielsweise 500 Euro. Aber selbst wenn das bei Ihrer Police nicht so ist: Viel spricht dafür, der Versicherung kleinere Schäden bis zu einer Schadenssumme von 500 Euro trotzdem gar nicht erst zu melden. Denn Bagatellschäden verursachen intern sehr hohen Verwaltungsaufwand und sind daher teuer für die Versicherung, auch wenn sie im Endeffekt nur geringe Summen auszahlen muss. Wer also häufiger Bagatellschäden anmeldet, der steht sozusagen auf der Abschussliste des Versicherers. Und für Versicherer ist es ein Leichtes, solche unliebsamen Kunden loszuwerden.

IM SCHADENSFALL BESTEHT EIN SONDERKÜNDIGUNGSRECHT

Was viele nicht wissen: Nach jedem Schaden besteht ein Sonderkündigungsrecht – und dieses Sonderkündigungsrecht haben nicht nur Sie als Versicherungsnehmer, sondern auch der Versicherer kann es in Anspruch nehmen. Mit Frist von einem Monat kann er den Vertrag nach jeder Schadensmeldung außerordentlich kündigen.

Dieses Recht besteht übrigens auch dann, wenn die Versicherung die Leistung ablehnt, das heißt den Schaden gar nicht reguliert hat, weil kein Anspruch besteht. Wer also jeden noch so kleinen Schaden seiner Versicherung meldet, der wird mit ziemlicher Sicherheit gekündigt, wenn sich solche Fälle häufen.

EIN NEUABSCHLUSS IST OFT NICHT MÖGLICH

Vielleicht sagen Sie sich ja: »Na und?! Dann wechsle ich eben zu einem anderen Versicherer!« Aber das ist gar nicht so einfach. Denn der Gesamtverband der deutschen Versicherungswirtschaft führt eine Datenbank. Sie nennt sich Hinweis- und Informationssystem der Versicherungswirtschaft (abgekürzt: HIS). Darauf haben all seine Mitglieder, sprich die Versicherungsunternehmen, Zugriff und sie speisen die Datenbank auch mit ihren eigenen Fällen. Im HIS werden personenbezogen diverse Unregelmäßigkeiten gespeichert, beispielsweise eine ungewöhnlich hohe Schadenshäufigkeit, erhöhte Schadensrisiken oder sonstige Auffälligkeiten bei einzelnen Versicherungsnehmern. Sie können sicher sein: Taucht Ihr Name erst im HIS auf, dann wird ein Versicherer einen gemeldeten Schadensfall besonders sorgfältig prüfen und womöglich recht schnell von seinem Sonderkündigungsrecht Gebrauch machen. Und mit einem Neuabschluss haben Sie es dann ausgesprochen schwer – denn welches Versicherungsunternehmen möchte schon Kunden haben, bei denen von vornherein abzusehen ist, dass sie weitaus mehr kosten als sie bringen? Das heißt: Entweder wird Ihnen dann ein sehr teurer Vertrag angeboten oder Sie werden als Antragsteller für einen Neuabschluss von vornherein abgelehnt. Das gilt es zu vermeiden.

SIE HABEN NACHTEILE, SELBST WENN DER VERSICHERER SIE NICHT ABLEHNEN DARF

Übrigens wird ein Neuabschluss auch dann schwieriger, wenn es sich um eine Versicherung handelt, die der Versicherer nicht ablehnen darf. Das nennt man Kontraktionszwang, also den Zwang zum Vertragsabschluss.

Dieser besteht bei der Kfz-Haftpflicht (nicht aber in der Teil- oder Vollkasko). Hier sind die Versicherer verpflichtet, jeden aufzunehmen, der eine Fahrzeugzulassung beantragen will. Er braucht als Voraussetzung dafür eine Kfz-Haftpflicht, weil schon das Halten eines Fahrzeugs andere Verkehrsteilnehmer potenziell gefährdet. Auch hier gilt: Kfz-Halter, die zig Kleinschäden verursacht und über die Versicherung reguliert haben, sind schlechter dran. Sie erhalten nur einen vergleichsweise teuren Tarif mit dem absoluten Minimum an Leistungen, die der Gesetzgeber vorschreibt. In der Kfz-Versicherung allerdings ist die Versuchung nicht ganz so hoch, jeden Bagatellschaden zu melden. Schließlich droht nach jedem Schaden eine Rückstufung in puncto Schadensfreiheitsrabatt und damit eine höhere Versicherungsprämie.

Kfz-Versicherung: Bei Schaden erst vorfühlen

Wie gesagt: Nur in der Kfz-Versicherung kann eine Schadensmeldung sofort zu höheren Beiträgen führen. Das gilt sowohl für die Kfz-Haftpflicht als auch für die Voll- oder Teilkasko. Hier empfiehlt sich bei kleineren Schäden, etwa einem Marderschaden, eine gewisse Vorsicht walten zu lassen. Einerseits wollen Sie nicht in eine schlechtere Schadensfreiheitsklasse zurückgestuft werden, andererseits sind Werkstattrechnungen meist teuer. In der Kfz-Haftpflicht haben Sie jedoch keine Wahl. Wenn der Unfallgegner es wünscht, dann müssen Sie den Schaden der Versicherung melden. Anders in der Voll- oder Teilkasko: Da können Sie entscheiden, ob Sie eine Werkstattrechnung nicht doch selbst übernehmen, um Ihren Schadensfreiheitsrabatt nicht zu gefährden. Allerdings wissen Sie meist nicht von vornherein, um wie viel teurer die Prämien werden, wenn die Versicherung den Schaden abwickelt. Aber das können Sie erfragen.

Die meisten Versicherer betreiben eine Schadenshotline. Rufen Sie dort an und erkundigen Sie sich: Wie viel teurer würde Ihre Versicherungsprämie nach der Schadensregulierung? Vergleichen Sie dies mit der Höhe des Schadens und bedenken Sie dabei, dass der Schadensfreiheitsrabatt Ihre Prämien nicht nur im Folgejahr verteuert, sondern dauerhaft. In der Regel bekommen Sie bei kleineren Kratzern, Dellen oder auch bei Marderschäden die Empfehlung: Es ist günstiger, die Werkstattrechnung selbst zu zahlen und dafür den vorhandenen Schadensfreiheitsrabatt unverändert zu behalten.

Wohlgemerkt: Diese Empfehlungen gelten für Ihre eigene Kfz-Versicherung. Wenn Sie dagegen als Opfer eines fremdverschuldeten Unfalls die Leistungen der gegnerischen Versicherung beanspruchen, brauchen Sie sich nicht von solchen Überlegungen leiten zu lassen – siehe nächster Tipp.

Kfz-Haftpflicht: Keine falsche Bescheidenheit, wenn Sie der Geschädigte sind

Angenommen, Sie haben einen Verkehrsunfall erlitten, der ganz und gar von Ihrem Unfallgegner verursacht wurde, etwa weil er Ihnen die Vorfahrt genommen hat. Jetzt ist die Frage: Welchen Schaden erstattet Ihnen die gegnerische Kfz-Haftpflicht? Falsche Bescheidenheit brauchen Sie hier nicht walten zu lassen. Die einzige Maxime lautet, dass Sie den Schaden nicht unnötig in die Höhe treiben dürfen. Sie dürfen aber sehr wohl auf Kosten der gegnerischen Versicherung ...

- **... die Werkstatt aussuchen,** in der Ihr Fahrzeug repariert wird. Das darf bei bis zu drei Jahre alten, scheckheftgepflegten Fahrzeugen sehr wohl eine Markenwerkstatt sein. Gleiches gilt, wenn Sie Ihr Auto immer in einer Markenwerkstatt haben reparieren lassen oder wenn eine günstigere Werkstatt zu weit von Ihrem Wohnort entfernt liegt. Sie müssen dafür nicht die günstigste Werkstatt aussuchen und schon gar nicht vor der Reparatur einen Preisvergleich zwischen verschiedenen Reparaturbetrieben anstellen. Einzige Voraussetzung: Der Preis der von Ihnen gewählten Werkstatt darf nicht offensichtlich überhöht sein.
- **... auf die Reparatur verzichten oder das Auto selbst reparieren.** Dann muss der Versicherer Ihnen die Kosten für die (fiktive) Reparatur trotzdem mit dem marktüblichen Satz zahlen.

Wann der Stundensatz einer Marken- oder wann der einer freien Werkstatt marktüblich ist, haben Sie schon im ersten Aufzählungspunkt erfahren. Lediglich um die Mehrwertsteuer darf er seine Auszahlung mindern.

- **... den Käufer aussuchen,** der bei Totalschaden Ihr Auto übernimmt, vorausgesetzt, er zahlt einen marktüblichen Preis. Dieser Preis wird schließlich von der Schadenssumme abgezogen, die der Versicherer an Sie auszahlt. Sie brauchen also nicht darauf einzugehen, wenn der Versicherer Ihnen die Übernahme und Abholung des kaputten Autos durch einen anderen Käufer anbietet, selbst wenn der dafür 100 Euro mehr zahlt.
- **... den Gutachter selbst aussuchen,** der die Schadenshöhe festlegt. Seien Sie unbedingt gewarnt davor, einfach den Gutachter zu akzeptieren, den die gegnerische Versicherung nur zu gerne beauftragt. Denn der wird nach dem Motto »Wes Brot ich ess, des Lied ich sing« versuchen, den Schaden möglichst gering einzuschätzen. Entsprechend niedrig fällt dann die Versicherungsleistung aus. Das passiert Ihnen nicht, wenn Sie zur Ermittlung der Schadenshöhe einen eigenen Gutachter beauftragen, sprich einen Kfz-Sachverständigen Ihrer Wahl. Dessen Kosten muss Ihnen die gegnerische Versicherung erstatten, auch wenn der den Schaden in Ihrem Sinne wohl eher nicht so niedrig einschätzt. Lediglich bei einer Schadenshöhe von mutmaßlich weniger als 1000 Euro müssen Sie die Gutachterkosten selbst tragen, das zeigen diverse Gerichtsurteile.
- **... einen Rechtsanwalt einschalten** (idealerweise einen Fachanwalt für Verkehrsrecht), wenn es nicht gerade um kleinste Bagatellschäden geht. Denn auch das hat der Bundesgerichtshof klargestellt: Ein Anwalt sorgt für Chancengleichheit. Er weiß über Ihre Rechte weitaus besser Bescheid als Sie als Laie. Des-

halb kann er auf Augenhöhe mit der gegnerischen Versicherung verhandeln und das Bestmögliche für Sie herausschlagen oder verhindern, dass Sie aufgrund Ihrer Unwissenheit über den Tisch gezogen werden. Daher dürfen sie auf Kosten der gegnerischen Versicherung einen Anwalt mit der Abwicklung des Schadens beauftragen. Nur wenn Sie eine Teilschuld trifft oder wenn es um kleine, unbedeutende Schäden geht, müssen Sie seine Kosten anteilig tragen.

Bei Zoff: Wenden Sie sich an den Versicherungsombudsmann

Gerade im Schadensfall kommt es häufig zum Streit zwischen dem Geschädigten und der eigenen oder gegnerischen Versicherung. Was muss sie zahlen? Und was nicht? Nicht immer wollen Sie einen Anwalt einschalten, nicht immer gerichtliche Streitigkeiten riskieren.

Kostenfreie Schlichtung ist oft günstiger als Klage

In einem solchen Fall kann der Gang zur Schlichtungsstelle ratsam sein, dem so genannten Versicherungsombudsmann. Genauer gesagt gibt es bei Versicherungen zwei Schlichtungsstellen: Die eine ist zuständig für die private Krankenversicherung (PKV), die andere für alle anderen Versicherungen (also Lebens-, Renten- und Sachversicherungen). Das Schlichtungsverfahren, das Sie mit Ihrer Beschwerde einleiten, ist für Sie kostenfrei, und wenn Sie mit dem Schlichtungsspruch nicht einverstanden sind, steht es Ihnen immer noch frei, Klage gegen das betreffende Versicherungsunternehmen einzureichen.

Wie neutral entscheidet der Ombudsmann?

Zugegeben: Die Schlichter, die dort die Kundenbeschwerden bearbeiten, werden von den Versicherern bezahlt, sind also womöglich nicht ganz neutral. Aber oftmals handelt es sich um ehemals hochrangige Richter, die einen Ruf zu verlieren haben. Und das heißt: Sie werden sich mit ihrem Schlichtungsspruch an geltendes Recht halten und Ihnen bei Fehlentscheidungen Ihres Versicherers auch zu ihrem Recht verhelfen. Eine Beschwerde dort kann sich für Sie lohnen, zumal sie mit keinerlei Prozess- und Anwaltskostenrisiken verbunden ist.

Hier finden Sie die Ombudsleute der Versicherungsunternehmen

Die Zuständigkeiten sind selbsterklärend. Genaueres zum Beschwerdeverfahren finden Sie auf der Website der jeweiligen Schlichtungsstelle.

- **Ombudsmann private Kranken- und Pflegeversicherung**
  Verband der Private Krankenversicherung e. V.
  Gustav-Heinemann-Ufer 74 c, 50968 Köln, Tel.: 0221 9987-0
  E-Mail: ombudsmann@pkv-ombudsmann.de
  Internet: www.pkv-ombudsmann.de

- **Versicherungsombudsmann e. V.**
  Postfach 080632, 10006 Berlin, Tel.: 0800 3699000
  E-Mail: info@versicherungsombudsmann.de
  Internet: www.versicherungsombudsmann.de

BANKEN

Ohne Bank geht es nicht, das ist keine Frage. Ob es so bleibt, ist die Frage. Denn die zahlreichen FinTechs, die in letzter Zeit wie Pilze aus dem Boden sprießen, haben durchaus das Potenzial, künftig viele Bankdienstleistungen durch pfiffige Apps und Onlineanwendungen zu ersetzen. FinTechs sind Finanzdienstleister, die sehr stark auf Digitalisierung setzen und sich an Firmen, aber auch an Endverbraucher richten.

Zum aktuellen Zeitpunkt allerdings geht es nicht ohne Giro- und sonstige Konten und auch nicht ohne die zugehörigen Geldinstitute. Deshalb finden Sie in dieser Kategorie wertvolle Hinweise, wie Sie beim alltäglichen Umgang mit Banken Geld sparen und unnötige Kosten vermeiden. Und nicht nur das: Um Ärger und Abzocke vorzubeugen, erfahren Sie außerdem, welche ruinösen Angebote Sie besser ablehnen und welche Maßnahmen unbedingt für die Sicherheit Ihrer Bankguthaben notwendig sind.

Bankenauswahl: Es ist nicht egal, wem Sie Ihr Geld anvertrauen

Vielleicht fragen Sie sich, was die Bankenauswahl denn zu tun haben soll mit »finanziellem Fasten«. Wer eine Bank gefunden hat, die gute Zinsen zahlt und die gewünschten Konten zur eigenen Zufriedenheit anbietet, der hat doch keinen Ballast, den er abwerfen muss, oder?

Ganz so einfach ist es nicht. Denn vielleicht erinnern Sie sich an die isländische Bank Kaupthing. Sie versprach einige Jahre nach der Jahrtausendwende überdurchschnittlich hohe Zinsen auch für deutsche Anleger, von denen unzählige ein Konto dort eröffneten. Diese Bank ging allerdings im Zuge der Finanzkrise 2008 pleite, und zunächst war keinesfalls sicher, ob die Kunden der Bank in Deutschland ihre Guthaben denn auch zurückbekommen würden.

Durch eine kluge Auswahl von Banken ersparen Sie sich daher künftige Zitterpartien. Denn Kaupthing ist zwar Geschichte – aber unzählige andere Banken drängen mit vermeintlich attraktiven Giro-, Tages- und Festgeldkonten auf den deutschen Markt. Da sollten Sie wissen, worauf es bei der Auswahl ankommt.

Die Zinsjagd bei Tages- und Festgeldkonten ist in Deutschland zum Sport geworden. Ebenfalls beliebt ist inzwischen der Wechsel zu Kreditinstituten, die angesichts immer höherer Gebühren fürs Girokonto noch die besten Bedingungen bieten. Gehören auch Sie zu den Bankkunden, die nicht alles bei ihrer Hausbank machen, sondern gerne mal fremdgehen? Dann aufgepasst: Es ist nicht egal, welchem Institut Sie Ihr Geld anvertrauen. Denn, ich wiederhole: Auch Banken können pleitegehen, wie neben Kaupthing noch zahlreiche andere Fälle aus der Vergangenheit beweisen. In diesem Fall sollte Ihr Vermögen hinreichend abgesichert sein. Daher ist der Blick auf die Einlagensicherung, die die anvisierte Bank anbietet, das A und O, bevor Sie irgendwo ein Konto eröffnen oder einen Sparvertrag abschließen.

Das müssen Sie über die Einlagensicherung wissen

Geht eine Bank pleite, dann ist das Geld ihrer Kunden zunächst einmal weg. Es wird dazu benutzt, die Gläubiger der Bank zu befriedigen. Damit dies den diversen Privat- und Firmenkunden keine empfindlichen Einbußen beschert, gibt es die so genannte Einlagensicherung, ein gesetzlich vorgeschriebenes Sicherungssystem für die Guthaben der Kunden. Als »Einlagen« werden alle Gelder bezeichnet, die auf Konten und in Sparverträgen der jeweiligen

Kunden liegen. Auch Sparbriefe, die auf den Namen des jeweiligen Bankkunden lauten, sind geschützt. Gleiches gilt für Fremdwährungskonten, also Konten, die etwa auf US-Dollar oder Schweizer Franken lauten. EU-weit vorgeschrieben ist eine Einlagensicherung von 100 000 Euro pro Bankkunde. Bei einer Insolvenz Ihrer Bank soll auf diese Weise sichergestellt sein, dass Sie Ihr Geld bis zur Summe von 100 000 Euro zurückerhalten. Für die Sicherung steht aber nicht der Staat gerade, sondern dafür sind die Banken des jeweiligen EU-Landes in ihrer Gesamtheit verantwortlich. Das hat der Gesetzgeber extra so eingerichtet. Aktuell wird über eine EU-weite Einlagensicherung diskutiert. Die Banken in allen EU-Ländern sollen dafür einstehen, wenn eine pleitegeht, auch beispielsweise die deutschen Banken für ein spanisches oder polnisches Institut. Es gibt aber große Bedenken dagegen und so existieren derzeit lediglich länderbezogene Einlagensicherungssysteme: Deutsche Banken stehen nur für eine Bankenpleite in Deutschland gerade, polnische für eine Bankenpleite in Polen und so weiter.

In Deutschland gibt es mehrere parallele Sicherungssysteme

Die deutschen Banken bieten sogar mehrere Sicherungssysteme, die parallel zueinander existieren. Das System der Genossenschaftsbanken und Sparkassen zielt jeweils darauf ab, eine Bank in finanzieller Schieflage gar nicht erst in die Insolvenz rutschen zu lassen. Dafür müssen dann die anderen Banken des jeweiligen Verbunds mit Finanzspritzen sorgen; dazu sind sie per Satzung verpflichtet. Entsprechend sind bei Genossenschaftsbanken und Sparkassen die Einlagen der Kunden in unbegrenzter Höhe geschützt: Wenn es gar nicht zur Insolvenz kommen kann, dann sind die Kundengelder auch nicht in Gefahr.

Anders dagegen ist die Einlagensicherung bei den Privatbanken geregelt, also beispielsweise bei der Deutschen Bank, Commerzbank, Postbank oder Volkswagenbank. Hier können einzelne Institute durchaus pleitegehen, ohne dass die anderen Banken sie davor bewahren müssen. Die Einlagen der Kunden sind trotzdem geschützt. Dazu gibt es zwei Stufen:

1. Die erste Stufe umfasst die bereits erwähnte gesetzlich vorgeschriebene Einlagensicherung in Höhe von 100 000 Euro pro Kunde. Gewährleistet wird sie durch die Entschädigungseinrichtung deutscher Banken (EdB). Im Insolvenzfall einer Privatbank zahlt diese Einrichtung allen Kunden ihre Guthaben mitsamt den aufgelaufenen Zinsen aus.
2. Die zweite Stufe geht darüber hinaus und ist freiwillig: Manche, aber nicht alle Privatbanken bieten mehr als die gesetzlich vorgeschriebene Einlagensicherung. Sie sichern also auch Kundengelder oberhalb von 100 000 Euro pro Kunde ab, und das mindestens in Millionenhöhe. Dafür verantwortlich zeichnet sich der Einlagensicherungsfonds des Bundesverbands deutscher Banken. Auch hier werden entsprechende Guthaben über 100 000 Euro bei einer Bankeninsolvenz erstattet. Die Abwicklung übernimmt ebenfalls wieder die EdB, auch wenn Beträge, die über 100 000 Euro hinausgehen, vom Einlagensicherungsfonds des Bankenverbands stammen.

Das Problem ist nur: Nicht überall gibt es eine so gut organisierte und finanziell potente Einlagensicherung wie in Deutschland. Vorsicht ist also vor allem bei Auslandsbanken angebracht.

Diese Banken kommen nicht infrage

Meiden Sie zunächst einmal alle Banken außerhalb der europäischen Union ohne Zweigstelle in Deutschland. Als Sparer müssen Sie immer damit rechnen, dass eine Bank in Schieflage gerät und dass Sie Ihre Einlagen, also auch Ihr Guthaben auf dem Tagesgeldkonto, bei einer Insolvenz nicht zurückbekommen. Wenn Sie in einem fremden Land außerhalb der EU mit einer Bankeninsolvenz konfrontiert sind, müssen Sie mit erheblichen Schwierigkeiten rechnen. Selbst wenn es dort eine Einlagensicherung gibt, wenn also die Entschädigung von Kontoinhabern im Falle einer Bankeninsolvenz vorgesehen ist: Sie müssten im Falle eines Falles auf eigene Faust versuchen, Ihre Einlagen zurückzubekommen, und wären dabei ebenso mit einem fremden Rechtssystem konfrontiert wie mit einer fremden Sprache. Seien Sie also gewarnt: Banken in der Türkei, in den USA, in Russland, in der Schweiz, aber auch im EU-Austrittsland Großbritannien meiden Sie besser.

Vorsicht auch bei so manchem EU-Geldinstitut

Innerhalb der Europäischen Union gilt einheitlich die gesetzlich vorgeschriebene Einlagensicherung von mindestens 100 000 Euro pro Bank und Bankkunde. Zudem bekommen Sie im Falle einer Bankeninsolvenz Schützenhilfe von der Entschädigungseinrichtung deutscher Banken. Diese Institution garantiert also nicht nur die gesetzliche Einlagensicherung, sondern sorgt im Insolvenzfall auch für die praktische Abwicklung. Zumindest bei ausländischen Banken mit deutscher Zweigstelle können Sie Ihre Ansprüche über diese Einrichtung geltend machen, und zwar in deutscher Sprache und nach europäischem Rechtssystem. Trotzdem ist auch bei

EU-Auslandsbanken prinzipiell Vorsicht angebracht, wenn diese das Geld ihrer Kunden nicht praktischerweise von vornherein nach dem deutschen Einlagensicherungssystem absichern. Denn so schön die EU-weit vorgeschriebene Mindesteinlagensicherung von 100 000 Euro pro Bankkunde sich auf dem Papier ausnimmt, so unsicher ist, wie gut sie im Ernstfall tatsächlich funktioniert.

Bedenken Sie: Die Einlegerentschädigung bei einer Bankenpleite ist immer noch allein eine Angelegenheit der Banken im jeweiligen EU-Land. Eine gemeinschaftliche Haftung aller EU-Banken für einzelne Bankenpleiten in irgendeinem Mitgliedsstaat ist (noch) nicht eingeführt. In einigen Ländern bestehen zudem erhebliche Zweifel an der Leistungsfähigkeit der örtlichen Einlagensicherungsfonds, so zum Beispiel in Griechenland, Bulgarien, Rumänien, Italien, Portugal, Malta, Kroatien, Tschechien, Polen oder Lettland. Hier gibt es keine Garantie dafür, dass die dortigen Bankinstitute bereits die nötigen Reserven aufgebaut haben, die eine wirkliche Sicherheit der Bankkunden auch bei einer Bankenpleite im jeweiligen Land gewährleisten würde. Sie glauben, mit solchen Geldhäusern hätten Sie als deutscher Kunde ohnehin keine Berührungspunkte?! Wenn Sie sich da mal nicht irren! Denn gerade diese Banken drängen über diverse Vermittlungsplattformen im Internet gerade massiv auf den deutschen Markt.

Vermittlungsplattformen: So werden Zinsjäger angelockt

Vermeintlich attraktive Angebote für Tages- und Festgeld vermitteln beispielsweise die Portale

- Weltsparen (www.weltsparen.de),
- Savedo (www.savedo.de) und
- Zinspilot (www.zinspilot.de).

Derlei Vermittler selbst sind keine Banken, sondern sie bündeln nur die Angebote verschiedenster Banken. Ob Alpha Bank (Rumänien), Banca Progetto (Italien), Sberbank (Österreich) oder CBL Bank (Lettland) – die Banken sind als eigentliche Anbieter mehrheitlich im Ausland ansässig und haben auch meist keine Filialen in Deutschland.

Obwohl sie die angebotenen Konten in Euro führen und gesetzlich aufgrund ihres Sitzes in einem EU-Land die europäische Einlagensicherung erfüllen müssen, sollten Sie davon besser die Finger lassen. Wie gut oder schlecht die jeweilige Bank vor einer Insolvenz geschützt ist, das erfahren Sie in der hiesigen Berichterstattung nicht (oder allenfalls erst dann, wenn es schon zu spät ist). Ebenfalls bleibt völlig im Dunkeln, ob im betreffenden Staat die EU-Vorschrift zur Einlagensicherung nicht bloß auf dem Papier besteht – sprich, ob der dafür vorgesehene Topf im Ernstfall gut genug gefüllt ist, um allen Kunden ihre Bankguthaben mitsamt Zinsen auszuzahlen.

Wie Sie die Sicherheit Ihrer Einlagen überprüfen

Von einer hinreichenden Sicherheit Ihrer Einlagen können Sie ausgehen, wenn das Kreditinstitut, bei dem Sie Ihr Tagesgeld anlegen möchten, der deutschen, der französischen oder der niederländischen Einlagensicherung angehört. Wenn nicht gerade eine Systemkrise den gesamten Bankensektor ins Wanken bringt, dann dürfte Ihr Geld bei Banken aus diesen Ländern sicher sein. Achten Sie bei Privatbanken also unbedingt auf die Zugehörigkeit zu den entsprechenden Sicherungseinrichtungen. Bei Genossenschaftsbanken und Sparkassen in Deutschland wissen Sie ohnehin: Ihr Geld ist sicher. Doch wie finden Sie bei einer x-beliebigen Privatbank heraus, welcher Einlagensicherung das jeweilige Institut angeschlossen ist? Zum Glück gibt es hier ein Abfragesystem im Internet, das Ihnen die nötigen Informationen liefert. So gehen Sie vor:

- Öffnen Sie in Ihrem Browser die Seite http://einlagensicherung.de
- Klicken Sie auf den Button »Service«.
- Klicken Sie auf »Abfrage starten«.
- Geben Sie ins Suchfeld den Namen der Bank ein, für deren Tagesgeldangebot Sie sich interessieren.

Sollte Ihre favorisierte Privatbank der deutschen Einlagensicherung angehören, dann wirft die Website als Ergebnis die EdB und gegebenenfalls auch den Einlagensicherungsfonds des Bundesverbands deutscher Banken aus. Beim betreffenden Geldinstitut können Sie dann bedenkenlos ein Tagesgeldkonto eröffnen.

Sollte Ihre favorisierte Bank dagegen nicht dem deutschen Sicherungssystem angeschlossen sein, dann liefert das System nur einen allgemeinen Hinweis auf infrage kommende Sicherungssysteme. Bei ausländischen Banken mit Zweigniederlassung in Deutschland erhalten Sie immerhin einen entsprechenden Hinweis auf die Zugehörigkeit zu einem ausländischen Einlagensicherungssystem. Die Plattform verrät Ihnen aber dummerweise nicht, um welches es sich dabei handelt das französische, das spanische oder das lettische. Sollten Sie lediglich den Namen einer (deutschen) Bankentochter eingegeben haben, liefert Ihnen das System immerhin in der Regel zusätzlich den Namen der ausländischen Muttergesellschaft (beispielsweise erfahren Sie bei der in Deutschland aktiven Consorsbank, dass dieses Kreditinstitut zur französischen Großbank BNP Paribas gehört). Hier fragen Sie dann am besten direkt bei der jeweiligen Bank nach, welchem nationalen Einlagensicherungssystem sie angehört. Lassen Sie die Finger davon, wenn es sich mutmaßlich nicht um gut ausgestattete und im Ernstfall funktionierende Systeme handelt. Wie gesagt: Ob die lettische, bulgarische, griechische oder italienische Einlagensicherung im Ernstfall funktioniert, ist zumindest zweifelhaft.

Bankberatung: Provisionsgetrieben und daher nicht neutral

Ein persönliches Gespräch mit Ihrem Berater in der Bank brauchen Sie in den seltensten Fällen. Notwendig ist es höchstens, wenn Sie etwa Genossenschaftsanteile einer Volks-, Raiffeisen- oder Spardabank kaufen oder jemandem eine Bankvollmacht einrichten wollen (was durchaus empfehlenswert ist). Ansonsten bleiben Sie besser aus der Schusslinie so genannter Bankberater. Denn selbst wenn diese hohen Sachverstand haben und sich durchaus gut auskennen: Sie sind nicht frei von Provisionsinteressen.

Der Grund: Der Vertriebsdruck ist heute größer denn je

Das Problem hat sich in den letzten Jahren verschärft. Denn die Banken verdienen inzwischen aufgrund der expansiven EZB-Geldpolitik viel weniger als früher. Die Zinsen sind im Keller. Und das heißt: Das ursprüngliche Geschäftsmodell, mit der Differenz zwischen Guthabenzinsen einerseits und Kreditzinsen andererseits viel Geld zu verdienen, ist inzwischen passé. Folglich müssen die Banken andere Wege suchen. Der Vertriebsdruck auf die Mitarbeiter ist dadurch enorm gestiegen. Erwarten Sie also heute weniger denn je eine unabhängige Beratung, die sich auch nur halbwegs nach Ihren Interessen richtet. Mit großer Wahrscheinlichkeit werden Ihnen stattdessen Anlagemodelle empfohlen, an denen vor allem die Bank gut verdient.

Lehnen Sie Einladungen zum Bankgespräch konsequent ab

Wenn nicht gerade eine Direktbank Ihre Hausbank ist, dann werden Sie mit ziemlicher Sicherheit mindestens einmal im Jahr kontaktiert mit der Einladung für ein Jahresgespräch, bei dem Ihre Finanzen unter die Lupe genommen werden und Optimierungsvorschläge erörtert werden sollen. Das wäre eigentlich eine gute Sache, ginge es bei diesem Jahresgespräch nicht ausschließlich darum, Ihnen irgendwelche Geldanlagen oder sonstigen Finanzprodukte anzudrehen, die Sie entweder nicht brauchen oder die es anderswo oft billiger und besser gibt. Auch unnötige (und für die Bank wegen Abschlussprovisionen lukrative) Umschichtungen vorhandener Geldanlagen sind regelmäßig das teure Ergebnis solcher Jahresgespräche.

Daher ist die beste Reaktion auf eine solche Einladung eine Absage. Dann geraten Sie gar nicht erst in Zugzwang und fühlen sich auch nicht verpflichtet, ein angebotenes Investment zu tätigen oder einen Sparvertrag abzuschließen. Wohlgemerkt: Ich sehe in der örtlichen Präsenz vieler Sparkassen und Genossenschaftsbanken einen großen Vorteil und will diese Geldinstitute mit ihrer regionalen Verbundenheit beileibe nicht verteufeln. Aber auch sie wollen ihre Finanzprodukte verkaufen, um daran Geld zu verdienen. Und leider wird es für Sie als Sparer und Anleger dann meist teuer und oft genug unrentabel.

Wenn möglich, bitten Sie den Bankmitarbeiter, der Sie anruft, beim nächsten Mal, Sie von der Liste derjenigen zu streichen, die regelmäßig kontaktiert oder zum Jahresgespräch eingeladen werden. Da Sie womöglich die betreffende Person persönlich kennen und diese nicht verletzen wollen, können Sie ja anbieten, sich aus Zeitgründen lieber von sich aus zu melden, wenn Sie Bedarf sehen. (Dass dieser Bedarf aus Ihrer Sicht überhaupt nicht besteht, brauchen Sie ja nicht dazuzusagen.)

Bewerkstelligen Sie Ihre Geldanlage lieber selbst

Es ist nicht so schwierig, sich selbst in Sachen Geldanlage vernünftig aufzustellen. Was Sie in Eigenregie anstellen können, um Ihr Geld vernünftig zu investieren und Ihre finanzielle Vorsorge zu bewerkstelligen, das erfahren Sie im letzten Kapitel dieses Buches.

Bankgebühren: Nicht immer erlaubt

Nicht erst, seit die EZB die Null- und Negativzinsen eingeführt hat, verschaffen sich die Banken zusätzliche Einkünfte durch allerlei Gebühren. Auch dieses Problem gibt es schon lange, aber es hat sich ebenfalls verstärkt, seit den Banken ihre Einnahmen wegbrechen. Trotzdem ist nicht alles erlaubt, was die Geldinstitute ihren Kunden da abknöpfen. Denn zunächst gilt der Grundsatz, dass Banken Pflichten, die sie von Rechts wegen erfüllen müssen, nicht einfach ihren Kunden in Rechnung stellen dürfen, so zum Beispiel die Ausführung eines Freistellungsauftrags, damit der Kunde von der Kapitalertragsteuer verschont bleibt. Gleiches gilt für Aufgaben, die die Geldinstitute im eigenen Interesse erledigen, etwa die Prüfung eines Kreditantrags. Aber auch wenn so manche Gebühr dann doch einer gerichtlichen Überprüfung standhält, heißt das noch lange nicht, dass sie der Höhe nach akzeptabel ist. Daher folgt an dieser Stelle für Sie ein Überblick über unrechtmäßige Gebühren. Sollten Sie ein solches Entgelt auf Ihrem Kontoauszug oder im Anhang dazu finden, widersprechen Sie und fordern Sie eine Rückbuchung. Und wenn gar nichts anderes hilft, dann beschweren Sie sich beim Banken-Ombudsmann, über den Sie weiter hinten in diesem Kapitel mehr erfahren.

Entgelt für Kartensperrung

Sie wissen bereits, wie Sie Ihre Debitkarte (Girocard, EC-Karte) und Kreditkarte über den Sperr-Notruf 116116 schnellstens sperren können. Das sollten Sie auch tun, sobald Sie den Kartenverlust oder Diebstahl bemerken. Die Bank muss die Sperrung anschließend kostenlos veranlassen. Das heißt, sie darf dafür kein Entgelt nehmen, entschied das Oberlandesgericht Frankfurt (09.07.2012, Az. I-6 U 195/11). Gleiches gilt auch für den Fall, dass sie die Kartensperrung im eigenen Interesse veranlasst.

Bearbeitungsgebühren bei einer Erbschaft

Verstirbt ein Konto- und Depotinhaber, muss seine Bank Kontostände und Depotwert ans Finanzamt melden; dazu ist sie gesetzlich verpflichtet. Deswegen ist eine Gebühr für diese Meldung unzulässig, so gleich zwei Gerichtsentscheidungen zu diesem Thema (LG Frankfurt, 27.01.2000, Az. 2/2 O 46/99 und LG Dortmund, 16.03.2001, Az. 8 O 57/01). Auch muss das Geldinstitut die Konten und Depots gegen Vorlage eines Erbscheins oder eines eröffneten notariellen Testaments wahlweise auf die Erben umschreiben oder – bei Konten – das vorhandene Vermögen an sie auszahlen.

Gebühr für Rückbuchung falsch gelesener Kontoauszüge

Diesen Fall habe ich selbst jüngst erlebt, als ich ein sorgfältig ausgefülltes Überweisungsformular in den Briefkasten meiner Bank warf. (Das Konto gehörte meinem Vater und ließ kein Onlinebanking zu. Ich hatte eine Bankvollmacht und durfte daher Papierüberweisungen tätigen.)

Der Überweisungsbetrag wurde nach einigen Tagen zurückgebucht und ich erhielt eine Nachricht: Die Überweisung könne angeblich nicht ausgeführt werden, da ich eine falsche IBAN eingetragen hätte. 1,70 Euro wurde mir für die Rückbuchung und Benachrichtigung in Rechnung gestellt. Ich glich die in der Nachricht genannte IBAN mit der des Empfängers ab, und tatsächlich: Statt einer 0 stand da die Ziffer 6. Dann allerdings schaute ich mir den Durchschlag meines händisch ausgefüllten Überweisungsformulars an und stellte fest: Hier hätte das System keine 6 lesen dürfen, denn die 0 war unverkennbar deutlich geschrieben, eine Verwechslung war unmöglich. Der Überweisungsscanner der Bank hatte offenbar meine Handschrift nicht richtig entziffert und die IBAN des Empfängerkontos entsprechend falsch erfasst.

Die Rückbuchungsgebühr selbst wurde noch nicht gerichtlich beanstandet – sicherlich gibt es Fälle schlampig ausgefüllter Überweisungsträger, in denen sie gerechtfertigt sein mag. In meinem Falle aber sagt schon das gesunde Rechtsverständnis: Wenn das elektronische System der Bank nicht sauber arbeitet, muss sich der Kunde dies nicht in Form eines Entgelts anlasten lassen. Meine Reklamation am Schalter hatte dann auch Erfolg.

Pfändungskosten

Wenn der Gerichtsvollzieher kraft gerichtlichem Vollstreckungstitel auf das Konto eines Bankkunden zugreift, dann muss die Bank die damit zusammenhängenden Aufgaben erledigen, ohne dafür Entgelte zu verlangen. Sie darf auch für die monatliche Überprüfung des Kontostands im Auftrag des Gerichtsvollziehers keine Gebühr erheben, denn auch das gehört bei einer Kontopfändung zu ihren gesetzlichen Aufgaben (18.05.1999, Az. XI ZR 219/98).

Übrigens darf auch ein Pfändungsschutzkonto nicht mehr kosten als ein normales Girokonto mit vergleichbaren Leistungen (BGH-Urteile, 16.07.2013, Az. XI ZR 260/12 sowie 13.11.2012, Az. XI ZR 145/12 und XI ZR 500/11).

Entgelte für Depot- oder Kontoauflösung

Wenn Sie ein Konto oder Depot bei einer Bank kündigen, dann darf das keinen Cent kosten. Die Bank muss das vorhandene Guthaben oder die vorhandenen Wertpapiere kostenfrei auf eine andere inländische Bank übertragen. Da Bankvermögen und Wertpapiere rechtlich Ihr Eigentum sind, haben Sie ein Recht zur Herausgabe – und die Bank ist dazu entsprechend gesetzlich verpflichtet. Das schließt die Erhebung von Gebühren aus. Lediglich eine Übertragung ins Ausland kann Gebühren mit sich bringen, die dann rechtmäßig sind.

Beachten Sie außerdem: Anders als Giro- oder Tagesgeldkonten haben Sparkonten eine Kündigungsfrist von in der Regel drei Monaten. Auch bei Festgeld sind sie an die vereinbarten Laufzeiten gebunden, die im Einzelfall bis zu 48 Monate dauern können. Wenn Sie Ihr Geld früher ausgezahlt haben möchten, dann kann die Bank Ihnen den entgangenen Gewinn in Rechnung stellen.

Volle Kartengebühr trotz verkürzter Vertragslaufzeit

Die Entgelte für EC- und Kreditkarten zahlen Sie in aller Regel im Voraus. Aber darf die Bank das Geld für den gesamten Nutzungszeitraum auch dann einbehalten, wenn Sie oder die Bank den Vertrag vor Ablauf dieses Zeitraums beenden? Nein, sagt dazu das Oberlandesgericht Frankfurt (14.12.2000, Az. 1 U 108/99). Wer den Vertrag vorzeitig beendet oder wem die Bank den Vertrag vorzeitig kündigt, der hat einen Anspruch auf zeitanteilige Erstattung. Beispiel: Bei einer Vorauszahlung für zwölf Monate und einer Kündigung schon nach vier Monaten muss die Bank das Geld für die acht nicht genutzten Monate zurückzahlen. Aber aufgepasst: Dies gilt nur, wenn zwischen Bank und Kunden keine feste Laufzeit vereinbart ist.

Entgelt für die Bearbeitung von Kreditanträgen

Wer einen Kredit beantragt, der wünscht sich selbstverständlich eine Zusage von seinem Geldinstitut. Diese machen die Banken aber in der Regel von der Prüfung eines Kreditantrags abhängig. Dabei wird die Verwendung des Geldes (z. B. für Hausbau oder geschäftliche Investition) ebenso geprüft wie die gestellten Sicherheiten (z. B. Grundschuld) und die Zahlungsfähigkeit des Antragstellers. Nicht wenige Banken haben in der Vergangenheit die Prüfung des Kreditantrags ihren (potenziellen) Kunden in Rechnung gestellt, etwa mit einem vollen Prozent der Kreditsumme. Aber der Bundesgerichtshof hat entschieden: Dieses Entgelt ist unzulässig. Schließlich prüft die Bank den Kreditantrag im eigenen Interesse – weil sie doch will, dass der Kredit mitsamt den Zinsen vereinbarungsgemäß gezahlt wird.

Verlangt Ihre Bank also ein Entgelt für die Bearbeitung Ihres Kreditantrags, dann widersprechen Sie oder fordern die bereits abgebuchte Summe wieder zurück mit Verweis auf die betreffenden BGH-Urteile (13.05.2014, Az. XI ZR 170/13 und XI ZR 405/12).

Kontogebühr für das Darlehenskonto

Wer einen Kredit aufnimmt, für den wird üblicherweise ein Darlehenskonto eröffnet. Darüber wird dann der gesamte Zahlungsverkehr im Zusammenhang mit dem Darlehen abgewickelt. Aber darf die Bank für dieses Konto eine Gebühr verlangen? Nein, sagt dazu der Bundesgerichtshof (Urteile vom 07.06.2011, Az. XI ZR 388/10 und vom 19.10.1999, Az. XI ZR 8/99). Das Darlehenskonto führt das Kreditinstitut im eigenen Interesse, die Kosten dafür sind folglich mit den Sollzinsen für den Kredit abgegolten. Eine gesonderte Gebühr ist daher unzulässig.

Beachten Sie aber: Kontogebühren sind sehr wohl erlaubt, wenn der Kredit – etwa ein Raten- oder Dispokredit – über das normale, gegebenenfalls kostenpflichtige Girokonto abgewickelt wird.

Darlehensgebühr bei Bausparkassen

Wer einen Bausparvertrag abschließt, zahlt üblicherweise schon am Anfang ein Entgelt von bis zu 1,6 Prozent der Bausparsumme. Darf die Bausparkasse dann, wenn die Sparphase abgeschlossen ist und es um die Auszahlung des Bauspardarlehens geht, zusätzlich eine Darlehensgebühr fordern? Das darf sie nicht, urteilte auch hier der Bundesgerichtshof (08.11.2016, Az. XI ZR 552/15). Im entschiedenen Fall ging es um die Schwäbisch Hall, die 2 Prozent der Kreditsumme als Gebühr einbehalten wollte. Das geht nicht, so die Richter. Den Kredit zu gewähren, sei Bestandteil des Vertrages und erfolge im Eigeninteresse der Bank. Die Gebühr sei rechtswidrig.

Gebühr für Wertgutachten bei Immobilienkrediten

Noch eine Gebühr im Zusammenhang mit der Immobilienfinanzierung ist unrechtmäßig: nämlich das Entgelt, das die Bank nicht selten für die Wertermittlung der beliehenen Immobilie dem Kreditnehmer in Rechnung stellt. Das Oberlandesgericht Düsseldorf hat dazu allerdings treffend bemerkt: Diese Leistung erbringt die Bank ganz und gar im eigenen Interesse. Schließlich will sie ja selbst wissen, inwieweit sich das Gebäude als Sicherheit für das gewährte Darlehen einsetzen lässt. Dem Kunden das selbst erstellte Wertgutachten in Rechnung zu stellen, ist somit nicht erlaubt (05.11.2009, Az. I U 17/09).

Treuhandgebühr für Grundschuldübertragung

Wir sind immer noch nicht fertig mit den zahlreichen Entgelten, mit denen Häuslebauer und Immobilienkäufer des Öfteren unzulässigerweise konfrontiert werden. Angenommen, nach Fälligkeit Ihres bisherigen Hauskredits ist die Restschuld noch nicht vollends abgetragen, und Sie brauchen ein Anschlussdarlehen, das Sie bei einer anderen Bank aufnehmen, weil es dort billiger ist. In einem solchen Fall muss die Grundschuld, die zur Besicherung des Darlehens zugunsten der bisherigen Bank ins Grundbuch eingetragen wurde, an den neuen Kreditgeber abgetreten werden. Das wollte sich eine Sparkasse mit 100 Euro vergüten lassen, laut ihrem Preis- und Leistungsverzeichnis war das ein Bearbeitungsentgelt für einen »Treuhandauftrag bei Darlehensablösung«. Doch auch hier entschied der Bundesgerichtshof: Dieses Entgelt darf nicht erhoben werden (10.09.2019, Az. XI ZR 7/19). Denn die Grundschuld abzutreten, wenn der Kreditnehmer seine Schulden getilgt habe, sei nun mal die gesetzliche Pflicht der Bank und keine Leistung, für die sie Gebühren erheben dürfe.

Pauschale Überziehungsgebühr

Wer sein Konto überzieht, ohne mit der Bank einen Überziehungsrahmen vereinbart zu haben, der zahlt ohnehin meist horrende Zinsen. Noch schlimmer wird es, wenn Banken dafür ein pauschales Entgelt verlangen. Das taten zeitweise die Targobank, die dafür monatlich 2,95 Euro in Rechnung stellte, und die Deutsche Bank, die sich die ungenehmigte Überziehung im Vierteljahr mit 6,90 Euro bezahlen ließ – wohlgemerkt zusätzlich zu den ohnehin schon anfallenden Sollzinsen und auch für angebrochene Monate beziehungsweise Vierteljahreszeiträume.

Der Bundesgerichtshof schob dem aber einen Riegel vor (20.10.2016, Az. XI ZR 9/15 und XI ZR 387/15): Bei allen Krediten, auch bei Überziehungskrediten, ist ein Entgelt unabhängig von Kreditsumme und Laufzeit widerrechtlich. Falls Ihre Bank eine solche Gebühr verlangt, fordern Sie sie zurück! Sie haben jedes Recht dazu. Apropos zurückfordern: Im folgenden Abschnitt erfahren Sie, wie Sie Ihrer Forderung notfalls Nachdruck verleihen, falls die Bank Ihnen die Erstattung verweigert.

Gebühren für alte Kontoauszüge sind oft zu hoch

Haben Sie schon einmal versucht, einen verlorenen Kontoauszug nachzubestellen? Manche Banken verlangen für die Zweitschrift bereits einmalig erstellter Kontoauszüge extrem hohe Gebühren. 15 Euro waren dafür lange Zeit keine Seltenheit – doch inzwischen gibt es hierzu ein höchstrichterliches Urteil zugunsten der Bankkunden.

Der Bundesgerichtshof entschied: Im Zeitalter elektronischer Datenspeicherung und -verarbeitung sei der Aufwand, einen Kontoauszug nachzuerstellen, längst nicht mehr so groß wie früher. Die

Bank dürfe daher für neuere Kontoauszüge nicht pauschal den gleichen hohen Preis verlangen wie für weiter zurückliegende. Denn sie könne solche Kontoauszüge dem Bankkunden auch ins persönliche Onlinearchiv innerhalb seines Login-Bereiches stellen. Dann brauche dieser eine Nacherstellung gar nicht erst in Auftrag zu geben.

Das Fazit der Richter: 15 Euro sind zu viel (17.12.2013, Az. XI ZR 66/13). Allerdings hat der BGH dummerweise keinen konkreten Betrag genannt, den er für angemessen hält. Gegen 2 bis 5 Euro für ältere Auszüge wird aber wohl nichts einzuwenden sein.

Banken-Ombudsmann: Hilfe bei der Durchsetzung Ihrer Rechte

Falls es Streit mit Ihrer Bank gibt (z. B. über zu Unrecht erhobene Entgelte) oder falls Ihre Bank sich bei einer aus Ihrer Sicht rechtmäßigen Forderung querstellt, können Sie ihr Beine machen, ohne gleich für teures Geld einen Rechtsanwalt zu beauftragen oder Klage zu erheben. Dafür gibt es die Schlichtungsstellen und Ombudsleute der verschiedenen Bankenverbände. Dort können Sie kostenfrei Beschwerde einreichen – und die Schlichter werden sich zeitnah um Ihr Anliegen kümmern und dabei die Gesetzeslage ebenso berücksichtigen wie die aktuelle höchstrichterliche Rechtsprechung.

Die Schlichtung ist für Bankkunden kostenlos

Eine Beschwerde ist für Sie kostenfrei; die Ombudsleute werden von den Banken bezahlt, agieren aber doch vergleichsweise neutral – zumindest bei rechtlich eindeutigen Fällen und Angelegenheiten, die höchstrichterlich schon entschieden wurden.

Bevor Sie Beschwerde einreichen, müssen Sie allerdings das betreffende Kreditinstitut in der Regel noch einmal schriftlich abmahnen. In dem betreffenden Schreiben sollten Sie:

- genau formulieren, was Sie fordern und warum Sie das tun,
- der angeschriebenen Bank eine angemessene Frist setzen und
- ihr mitteilen, dass Sie sich ansonsten an den zuständigen Ombudsmann wenden oder rechtliche Schritte einleiten.

Erst nach Ende der gesetzten Frist (meist sind zwei bis vier Wochen angemessen, je nach Komplexität des Falles) können Sie sich dann bei der Schlichtungsstelle beschweren.

Hier können Sie die Beschwerde einreichen

An wen Sie Ihre Beschwerde oder Ihren Antrag auf Schlichtung richten, hängt von der Bank ab, bei der Sie sich beschweren wollen. Einen Überblick finden Sie in der folgenden Tabelle. Beachten Sie bei den Sparkassen, dass Baden-Württemberg hier nicht der zentralen Schlichtungsstelle des Deutschen Sparkassen- und Giroverbands angeschlossen ist, sondern einen Sonderweg geht, der auch die LBS Südwest betrifft.

Bank	**Postadresse**	**Internet**	**E-Mail und Telefon**
Sparkassen (außer in Baden-Württemberg), LBS Landesbausparkassen (außer LBS Südwest)	Deutscher Sparkassen- und Giroverband e. V. Schlichtungsstelle Charlottenstraße 47 10117 Berlin	www.dsgv.de → Service → Schlichtung	schlichtung@dsgv.de 030 20225-1510

Sparkassen in Baden-Württemberg, LBS Südwest	Sparkassen-Schlichtungs-stelle Baden-Württemberg Am Hauptbahnhof 2 70173 Stuttgart	www.sv-bw.de → Schlichtung	schlichtungsstelle@sv-bw.de 0711 127-77843
Volksbank, Raiffeisenbank, Sparda-Bank,	Kundenbeschwerdestelle beim Bundesverband der Deutschen Volksbanken und Raiffeisenbanken BVR Schellingstraße 4 10785 Berlin	www.bvr.de → Service → Kunden-beschwerdestelle	kundenbeschwerde-stelle@bvr.de 030 20211639
Privatbanken (Deutsche Bank, Commerzbank, Postbank etc.)	Ombudsmann der privaten Banken, Geschäftsstelle Postfach 04 03 07 10062 Berlin	www.bankenverband.de → Services → Ombudsleute	ombudsmann@dbd.de 030 1663-3166
Öffentliche Banken (DKB, Landesbank)	Verbraucherschlichtungs-stelle beim Bundesverband Öffentlicher Banken Deutschlands, VÖB Postfach 11 02 72 10832 Berlin	www.voeb.de → VÖB Ombudsmann	ombudsmann@voeb-kbs.de 030 8192-295
Bausparkassen (außer LBS)	Verband der Privaten Bausparkassen e. V. Schlichtungsstelle Bausparen Postfach 30 30 79 10730 Berlin	www.schlichtungsstelle-bausparen.de	info@schlichtungs-stelle-bausparen.de 030 590091-501

Ombudsleute und außergerichtliche Schlichtungsstellen der verschiedenen Geldinstitute

Muss sich die Bank an den Schlichtungsspruch halten?

Es kommt auf den zuständigen Verband und auf die Höhe der Streitsumme an, ob sich die betreffende Bank an den Schlichtungsspruch oder -vorschlag halten muss oder nicht. Bis zum Streitwert von 10 000 Euro ist der Schlichtungsspruch beim Ombudsmann der privaten Banken bindend. Nicht bindend ist der Schlichtungsvorschlag dagegen:

- bei der Sparkassen-Schlichtungsstelle Baden-Württemberg,
- bei der Kundenbeschwerdestelle des Deutschen Sparkassen- und Giroverbandes,
- bei der Schlichtungsstelle Bausparen (bei Beschwerden seit dem Jahr 2017),
- bei der Kundenbeschwerdestelle beim Bundesverband der Deutschen Volksbanken und Raiffeisenbanken BVR sowie
- bei der Verbraucherschlichtungsstelle beim Bundesverband Öffentlicher Banken.

Die Bindungswirkung allerdings erstreckt sich, sofern überhaupt vorhanden, ohnehin nur auf die Bank. Sie als Bankkunde können nach einem Schlichtungsspruch, der zu Ihren Ungunsten ausgefallen ist, immer noch Klage einreichen.

Gut zu wissen: Verjährung wird gehemmt

Ihre Beschwerde beim Banken-Ombudsmann hemmt die Verjährung. Was heißt das? Normalerweise ist eine Forderung nach drei Jahren verjährt (§ 195 BGB). Die Frist beginnt mit Ablauf des Jahres, in dem Ihre Forderung oder Ihr Anspruch entstanden ist (§ 199 BGB).

Wenn Sie allerdings bei einer Bankenschlichtungsstelle Beschwerde einreichen, dann läuft die Verjährungsfrist für die Dauer der Bearbeitung nicht weiter. Das heißt: Sollten Sie mit dem Schlichtungsspruch später nicht einverstanden sein, können Sie immer noch einen Anwalt einschalten und Klage gegen die Bank einreichen – und das, ohne in Sachen Verjährung wertvolle Zeit zu verlieren.

Bankenwechsel: Heute einfacher denn je

Sie sind unzufrieden mit Ihrer bisherigen Bank? Oder Sie möchten in Zeiten immer teurerer Kontoführung zu einem günstigeren Geldinstitut wechseln? Dann sollten Sie wissen: Der Wechsel zu einer anderen Bank ist heute einfacher denn je, selbst der Umzug mit dem Girokonto ist kein Problem mehr und geht für Sie erstaunlich unbürokratisch vonstatten. Das ist eine Folge neuerer EU-Gesetzgebung, die als »Zahlungskontengesetz« in das deutsche Recht Einzug gehalten hat. Beim Umzug mit dem Girokonto zu einer anderen Bank muss das bisherige Geldinstitut mitwirken. Sie wenden sich einfach an die neue Bank, zu der Sie wechseln wollen, und die fordert alle nötigen Daten von Ihrer bisherigen kontoführenden Bank ab. Das betrifft sämtliche Zahlungen, die Sie in den vergangenen 13 Monaten erhalten haben, sowie Lastschriften und Daueraufträge. Sie kreuzen dann einfach auf einer Liste an, welche der Einzahler (Arbeitgeber etc.) oder Abbucher (Energiekonzerne, Telekommunikationsanbieter etc.) über Ihre neue Bankverbindung informiert werden müssen. Auch das entsprechende Informationsschreiben versendet auf Wunsch die Bank für Sie.

Wichtig ist aber: Ihr Dispositionsrahmen bleibt Ihnen bei der neuen Bank nicht erhalten, Sie müssen ihn neu aushandeln. Auch ein Minus auf dem Girokonto können Sie nicht einfach zur neuen Bank mitnehmen. Inwiefern Sie Ihr Konto überziehen dürfen, das klären Sie – idealerweise vor Kontoeröffnung – mit dem Geldinstitut, zu dem Sie wechseln.

Überziehung des Girokontos: Das gilt es zu beachten

Es soll ja Menschen geben, die ihr Girokonto praktisch immer im Minus führen. Das lassen Sie jedoch lieber sein, wenn Sie sich nicht einen Haufen finanzieller Sorgen aufbürden und andauernde Zinsen zahlen möchten. Das Girokonto zu überziehen, sollte nur ausnahmsweise vorkommen.

Klar ist jedoch: Überziehungen lassen sich nicht kategorisch ausschließen, manchmal geht es nicht anders. Um für echte Notfälle gerüstet zu sein, sollten Sie deshalb Vorkehrungen dafür treffen, dass diese Überziehungen von der Bank dann auch genehmigt sind – und nicht nur geduldet. Denn genehmigt und geduldet – das macht in der Praxis einen riesigen Unterschied.

Lassen Sie sich einen Dispositionsrahmen einräumen

Falls Ihr Konto ab und zu ins Minus gerät, nehmen Sie Kontakt zu Ihrer Bank auf. Lassen Sie sich einen Überziehungsrahmen (oft auch Kreditlinie oder kurz Dispo[rahmen] genannt) einräumen. Der Überziehungsrahmen richtet sich zum einen nach Ihren regelmäßigen monatlichen Geldeingängen. Dazu zählen etwa Lohn oder Gehalt, BAföG, Rente oder Pension sowie Unterhalt. Außerdem kommt es auf Ihre generelle Zahlungsfähigkeit (Bonität) an, hierzu wird die Schufa befragt (siehe folgenden Abschnitt). Je besser Ihr Schufa-Score, desto höher der Dispositionsrahmen, der Ihnen auf Wunsch eingeräumt wird. Üblich ist das Doppelte bis Dreifache der monatlichen Geldeingänge. Es besteht aber durchaus Verhandlungsspielraum, den Sie nutzen können.

Überziehungen ohne Dispo können Ihren Schufa-Score verschlechtern

Die Wirtschaftsauskunftei Schufa erhält von diversen Mitgliedern, zum Beispiel von Banken, Energieversorgern, Telekommunikationsanbietern und Versandhändlern, Daten über das Zahlungsverhalten ihrer Kunden. Die gesammelten Daten können die Mitglieder bei Bedarf dann abrufen. Die Zahlungsfähigkeit oder -unfähigkeit eines Kunden wird im so genannten Schufa-Score festgehalten, also einem Zahlenwert. Ein schlechter Score macht nicht nur bei der Bank Probleme, sondern beispielsweise auch bei einem Mobilfunkanbieter. Der wird sich deshalb womöglich weigern, dem betreffenden Kunden einen Mobilfunkvertrag zu gewähren, muss er doch befürchten, dass dieser die monatlichen Rechnungen nicht zahlt. In diesem Zusammenhang sind ungenehmigte Überziehungskredite eine echte Falle, zumindest dann, wenn die Bank den Kontoinhaber deshalb schon angeschrieben und zur Begleichung seiner Schuld aufgefordert hat. Denn wenn das unterbleibt, dann verschlechtert sich der Schufa-Score. Das ist der dritte Grund, warum Sie ungenehmigte Überziehungen Ihres Girokontos unbedingt vermeiden sollten.

Mit Dispo kann die Bank Ihnen nicht einfach den Geldhahn zudrehen

Mit einem Dispo sind Sie auf der sicheren Seite. Die genehmigte Überziehung bedeutet unter anderem, dass die Bank Ihnen nicht einfach den Geldhahn zudrehen darf. Bei ungenehmigten Überziehungen dagegen kann es passieren, dass die Bank plötzlich die gesamte Kreditschuld zurückfordert oder Lastschriften nicht einlöst. Dann entstehen zusätzliche Kosten, und der betreffende Kunde hat schnell ein Schuldenproblem.

Aber aufgepasst: Auch ein Dispokredit ist nicht billig

Ein nur geduldeter Überziehungskredit kann zwischen 12 und 20 Prozent an Sollzinsen pro Jahr kosten. Schon deshalb lohnt es sich, mit der Bank, die Ihr Girokonto führt, über einen Dispo zu sprechen. Doch auch wenn Sie einen hinreichend großen Disporahmen haben: Nutzen sollten Sie ihn wirklich nur im Notfall. Das Girokonto ständig zu überziehen, ist eine teure Angelegenheit. Denn auch bei 8 bis 12 Prozent Sollzinsen pro Jahr kommen beträchtliche Summen zusammen, wenn Sie die Schuld nicht sofort wieder zurückführen. Und das wird immer schwerer, je mehr Sie sich an das Leben auf Pump gewöhnt haben. Beachten Sie hierzu gleich den nächsten Tipp.

Raten- statt Dispokredit: Raus aus dem dauerhaften Minus

Ein ständig genutzter Dispokredit mag zwar bequem sein, aber billig ist er nicht. Sollte sich auf Ihrem Girokonto bereits ein beträchtliches Minus angesammelt haben, dann tun Sie alles dafür, dass dies nicht zum Dauerzustand wird. Sonst füttern Sie mit Ihrem laufenden Einkommen ständig die Bank mit, die ganz gut davon lebt, dass Sie andauernd Sollzinsen für den genehmigten Überziehungskredit zahlen. Bedenken Sie, was 8 bis 12 Prozent Dispozinsen bedeuten: Sie legen im Jahr für jeden Tausender, mit dem Sie im Minus sind, nochmal zusätzlich 80 bis 120 Euro hin – und dieses Geld haben Sie nicht einfach übrig. Wie also kommen Sie raus aus dem ewigen Minus? Indem Sie umschulden. Machen Sie aus ihrem Dispokredit einen Ratenkredit mit fester Kreditsumme, fester Laufzeit und festen monatlichen Raten, mit denen Sie den Kredit bedienen und nach und nach abzahlen.

Warum ein Ratenkredit besser ist als ein Dispokredit

Ein Ratenkredit hat gleich zwei Vorteile:

- **Vorteil 1: Sie zwingen sich zur Disziplin.** Bei einem Ratenkredit hat ein Kreditnehmer weniger Freiheiten als bei einem Dispokredit. Die Bank schreibt ihm genau vor, welche Summe er in der Regel monatlich zahlen muss. Und an diesen Plan muss er sich auch zwingend halten. Was auf den ersten Blick nach einem Nachteil aussieht, ist in Wirklichkeit ein handfester Vorteil: Wer ohnehin schon Mühe hat, finanzielle Disziplin zu wahren, der tut sich leichter damit, wenn er per Kreditvertrag zu festen Raten gezwungen ist. Die Laufzeit (meist zwischen 12 Monaten und 10 Jahren) und die monatlichen Raten in meist gleichbleibender Höhe können Sie mit Ihrer Bank frei vereinbaren. Nach Abschluss des Kreditvertrags bleiben Sie aber daran gebunden.
- **Vorteil 2: Sie zahlen weniger Sollzinsen.** Welche Sollzinsen werden nun für einen Ratenkredit verlangt? In der Regel zahlen Sie aktuell zwischen 3 und 8 Prozent dafür. Es kommt aber wieder einmal auf Ihre Bonität an – und auf die Sicherheiten, die Sie bieten. Auch nach dem Verwendungszweck wird gefragt, und dort sollten Sie wahrheitsgemäß »Umschuldung/Kreditablösung« angeben. Zudem kann es sich lohnen, nicht bloß Ihre Hausbank nach entsprechenden Konditionen zu befragen, sondern auch auf Anbieter und Vergleichsportale im Internet. Onlineabschlüsse werden meistens mit einer zusätzlichen Zinsersparnis belohnt.

So funktioniert ein Ratenkredit

Summen von 1000 bis 100 000 Euro können Sie sich als Ratenkredit von einer Bank leihen. Die Laufzeiten liegen meist zwischen 12 Monaten und 8, manchmal auch 10 Jahren. Die Höhe der Raten – und damit die Kreditlaufzeit – setzen Sie so fest, dass Sie sich diese auch leisten können, ohne schon bei der geringsten Zusatzbelastung in die Klemme zu kommen. Übrigens können Sie sich mit einem der zahlreichen Kreditrechner im Internet einen guten Überblick verschaffen, wie das Ganze abläuft. Gute Kreditrechner finden Sie etwa unter:

- www.fmh.de → Finanzrechner → Finanzrechner Kredite → Ratenkredit-Rechner
- www.zinsen-berechnen.de/kreditrechner.php

Sie können dabei selbst überlegen, welche Größen Sie eingeben und was der Rechner Ihnen ausrechnen soll. Meist werden Sie die benötigte Kredithöhe eingeben und die Rate, die Sie sich monatlich leisten können.

Beim Effektivzins treffen Sie zunächst einfach die Annahme, er läge bei 5 Prozent pro Jahr. In das Feld »Restschuld« tippen Sie 0 Euro ein, denn Sie wollen nach Ende der Laufzeit ja schuldenfrei sein. Anhand dieser Angaben ermittelt Ihnen der Rechner die benötigte Laufzeit und den Tilgungsplan.

Beispiel: Ein Ratenkredit über 5000 Euro

Sie nehmen einen Kreditbetrag von 5000 Euro zu einem Effektivzins von 5 Prozent pro Jahr auf und können sich im Monat maximal 150 Euro als Kreditrate leisten, die Sie vorschüssig (also jeweils am Monatsanfang) zahlen. Dann brauchen Sie knapp drei Jahre, um Ihren Ratenkredit vollständig zu tilgen.

Die Raten selbst setzen sich übrigens stets zusammen aus einem Zins- und einem Tilgungsanteil. Anfangs ist der Zinsanteil hoch und der Tilgungsanteil gering. Später kehrt sich das mehr und mehr ins Gegenteil um: Sie tilgen mit einem größeren Teil Ihrer Rate die Restschuld, und weil diese immer kleiner wird, fällt der Zinsanteil. Spielen Sie ruhig einmal mit dem Zinsrechner herum, und geben Sie mal größere und mal kleinere Raten ein. Variieren Sie auch den Zinssatz, um zu sehen, welche Ersparnis es Ihnen bringt, wenn Sie einen günstigen Anbieter finden.

Wo finden Sie die günstigsten Anbieter?

Fündig werden Sie beispielsweise bei

- FMH (www.fmh.de → Zinsvergleiche → Ratenkredit), reiner Zinsvergleich ohne Vermittlung
- Verivox (www.verivox.de → Finanzen → Kredite), Vermittlungsplattform
- Check24 (www.check24.de → Konto & Kredit → Ratenkredit), Vermittlungsplattform

Konditionen bei Ratenkrediten: Sondertilgung ist sinnvoll, Restschuldversicherung nicht

Sinnvoll ist ein Ratenkredit, der Ihnen kostenlose Sondertilgungen erlaubt. Dann können Sie ungeplante Einnahmen, zum Beispiel eine Steuer- oder Nebenkostenerstattung, sofort zur Schuldentilgung verwenden.

Nicht sinnvoll, sondern im Gegenteil extrem teuer ist dagegen eine Restschuldversicherung, die die kreditgebende Bank Ihnen häufig empfehlen wird. Eine solche Restschuldversicherung übernimmt die fälligen Kreditraten, wenn Sie etwa arbeitsunfähig werden. Wenn irgendwie möglich, verzichten Sie auf einen Abschluss, denn die meisten Angebote sind sündhaft teuer – und nutzen vorrangig der Bank und nicht Ihnen. Dass diese mithilfe von Restschuldversicherungen vermeintlich günstige Kredite sich in wahre Wucherprodukte umwandeln, bemängeln Verbraucherschützer schon seit Jahren.

Geld abheben: »Fremdgehen« am Geldautomaten kann teuer werden

Haben Sie schon einmal versucht, mit der Debitkarte Ihrer Volksbank bei einer Sparkasse Geld abzuheben? Oder mit der Deutsche-Bank-Girocard bei einer Raiffeisenbank? In vielen Fällen werden Sie feststellen: »Fremdgehen«, also Geld am Automaten der falschen Bank abzuheben, kann ganz schön teuer werden. Oder möchten Sie wirklich für jede Abhebung eine Gebühr von beispielsweise 3,50 oder 5,00 Euro an die Bank zahlen, die den Automaten betreibt? Doch was tun, wenn kein Automat des eigenen Kreditinstituts in der Nähe steht? Es gibt zwei Möglichkeiten, sich trotzdem kostenfrei Bargeld zu verschaffen.

Möglichkeit 1: Abheben im jeweiligen Bankenverbund

Sie wissen sicherlich: Abheben mit der Sparkassen-Debitcard ist nicht nur bei Ihrer eigenen Sparkasse kostenfrei möglich, sondern auch bei jeder anderen Sparkasse innerhalb Deutschlands. Etwa 24 000 Geldautomaten betreiben die Sparkassen hierzulande.

Auch die Volks- und Raiffeisenbanken ermöglichen für ihre Kunden eine kostenfreie Nutzung der Auszahlungsautomaten auf Gegenseitigkeit. Rund 18 000 solcher Automaten gehören zu diesem genossenschaftlichen Bankenverbund. Als Volksbankkunde können sie also beliebig in fast jede andere Volks- oder Raiffeisenbank spazieren und am dortigen Automaten kostenfrei Geld ziehen (es gibt nur ein paar schwarze Schafe in beliebten Touristenorten, die da nicht mitmachen). Gleiches gilt für Kunden einer Raiffeisenbank. Aber Achtung: Die Sparda-Banken sind zwar auch genossenschaftliche Institute, kochen aber in Sachen Bargeldgebühren ihr eigenes Süppchen (siehe Stichwort CashPool an späterer Stelle) und verlangen von Volks- und Raiffeisenbankenkunden üblicherweise Gebühren.

Die Mehrzahl der sonstigen Banken hat sich in zwei weiteren Verbünden zusammengeschlossen:

- Zur **Cash Group** gehören die Deutsche Bank, die Commerzbank, die HypoVereinsbank und die Postbank. Kunden dieser Banken können auch bei den jeweils anderen Geldinstituten kostenfrei Bargeld ziehen. Insgesamt gehören zur Cash Group rund 9000 Geldautomaten.

- Zum **CashPool** gehören die Sparda-Banken, die Targo-Bank, die Degussa-Bank, die Banco Santander, die Südwest-Bank, die BB-Bank, die Wüstenrot-Bank und etliche weniger bekannte Bankhäuser. Etwa 3200 Geldautomaten stehen hier zur Verfügung.

Die goldene Regel lautet: Wenn Sie beim Geldabheben innerhalb des jeweiligen Verbunds bleiben, zahlen Sie nichts. Ohnehin müssen die erhobenen Abhebegebühren vorher im Display des Geldautomaten angezeigt werden, das ist gesetzlich vorgeschrieben. Sind sie Ihnen zu hoch, können Sie den Vorgang immer noch abbrechen, ohne dafür einen Cent zu bezahlen. Das empfiehlt sich auch. Denn es gibt eine Alternative, mit der Sie auch ohne anderen Geldautomaten in der Nähe meist besser fahren.

Möglichkeit 2: Abheben im Super-, Drogerie- oder Baumarkt

Weil die Geldautomatendichte stetig abnimmt, haben Supermärkte (und Discounter), Drogeriemärkte und Baumärkte das Gebot der Stunde erkannt: Viele ermöglichen ihren Kunden ab einem Einkaufswert von 10 oder 20 Euro den Bezug von Bargeld, meist bis zu einem Höchstbetrag von 200 Euro. Den kostenfreien Bargeldservice ermöglichen derzeit beispielsweise:

- Aldi Süd
- Edeka
- Lidl
- Netto
- Penny
- Rewe
- dm
- Rossmann
- Obi
- Toom

Das ist oftmals die viel praktischere Variante als das Abheben am Geldautomaten, vorausgesetzt, Sie kaufen zur Erreichung des Mindesteinkaufswertes nur Dinge, die Sie sowieso brauchen. Aufgepasst, wenn das nicht der Fall sein sollte. Für Verlegenheitskäufe ist Ihr Geld viel zu schade. Sich irgendetwas zu kaufen, nur um vermeintlich kostenlos an Bargeld zu kommen, ist nicht empfehlenswert.

Werden Sie bloß nicht »Testkunde« oder »Finanzagent«

In letzter Zeit haben einige Betrugsskandale die noch junge Welt der FinTechs (Finanztechnologien) erschüttert. So zum Beispiel bei N26, einer Bezahl-App, die sich inzwischen zur Smartphone-Bank mit Lizenz der Finanzaufsicht gemausert hat. Durch das Video-Ident-Verfahren hatten Betrüger es extrem einfach, die Konten zuvor angeworbener »Testkunden« zu nutzen, um illegal erworbenes Geld auf eigene Kanäle umzuleiten. Zum Hintergrund: Mit dem Video-Ident-Verfahren können sich neue Kunden bei ihrer Bank identifizieren. Sie nehmen dafür einfach ihr Gesicht und ihren Ausweis mit der Handykamera auf und übermitteln die Bilder an die Bank. Das ist einfacher, aber auch missbrauchsanfälliger als das bisher übliche Post-Ident-Verfahren, bei dem sich ein künftiger Bankkunde mit Ausweis und Unterschrift in der nächsten Postfiliale legitimieren muss und keine persönlichen Daten ins Internet hochlädt.

So funktioniert die »Testkunden«-Masche

Gauner geben sich als Marktforscher oder interne Bankkontrolleure aus. Sie rufen bei diversen Interessenten an, um diese als Testkunden zu gewinnen – vorgeblich, um zu prüfen, ob die Abläufe bei der

Bank zur Zufriedenheit der Kunden funktionieren. Als Belohnung winken denen, die mitmachen, beispielsweise attraktive Geldprämien oder die Verlosung hochwertiger Smartphones. Diese »Testkunden« sollen sich per Video-Ident-Verfahren legitimieren und ein Bankkonto für sich eröffnen. Das werde nach abgeschlossener Prüfung sofort wieder geschlossen, so das falsche Versprechen der vermeintlichen Kontrolleure. Die Gauner lassen sich dann die Zugangsdaten zum neu eröffneten Konto geben – und nutzen das neu eröffnete Konto hemmungslos zur Zahlungsabwicklung von Fake Shops, die sie betreiben, für die Geldwäsche oder als Empfängerkonto für Geld, das sie bei eBay und anderen Internetplattformen ergaunert haben.

Ich kann Sie nur warnen: Wer sich als »Testkunde« rekrutieren lässt oder sein Konto für »Testzwecke« hergibt, der gerät sehr schnell ins Visier der Polizei. Der Vorwurf: Geldwäsche oder Beihilfe zur Geldwäsche. Mit dem Identitätsklau schieben die Gauner Sie als Täter vor – und bleiben selbst unerkannt und gänzlich unbehelligt im Hintergrund. Das funktioniert seit der Einführung des einheitlichen europäischen Zahlungsraums SEPA umso besser, als die Banken Geldtransaktionen (z. B. Überweisungen) nur noch anhand der internationalen Kontonummer IBAN durchführen – und den angegebenen Empfängernamen nicht mehr mit dem Namen des Kontoinhabers abgleichen müssen.

So funktioniert die »Finanzagenten«-Masche

Verlockend sind auch Stellenangebote mit Versprechen, die beispielsweise so lauten: »Beste Verdienstmöglichkeiten mit wenig Arbeit«. Ausgeschrieben ist die Tätigkeit häufig als »Finanzagent«, »Financial Agent«, »Finanzmanager«, »Treuhandagent«, »Regionalmanager für Zahlungsbearbeitung«. Wer daraufhin beim Anbieter dieser Stelle anruft, landet vorgeblich bei einem Unternehmen im Bereich des Finanzmanagements. Die einzige Aufgabe soll darin bestehen, das eigene Konto für Finanztransaktionen bereitzustellen und empfangenes Geld weiterzuleiten. Eine satte Provision von 5 oder 20 Prozent dürfe der Kontoinhaber dann für sich behalten. Sie merken: Um dieser Betrugsmasche auf den Leim zu gehen, brauchen Sie kein Konto bei einem innovativen FinTech, das geht auch mit einem popeligen Sparkassen- oder Volksbankkonto.

Den Rest der Geschichte kennen Sie bereits: Auf dem Konto des vermeintlichen »Finanzagenten« landen illegale Einnahmen von Fake Shops, Drogengeschäften, Prostitution und Gaunereien, und seine einzige Aufgabe besteht darin, sie umgehend – meist per Bargeldtransaktion über Western Union – ins Ausland weiterzuleiten. Sie können sich vorstellen, an wen sich die Polizei hält, wenn die Gaunerei auffliegt: natürlich an den Kontoinhaber. Auch hier gibt es nur eine Devise: Fallen Sie bloß nicht darauf herein!

»Testüberweisungen« im Onlinebanking: Noch so eine fiese Betrugsmasche

Vorsichtig sollten Sie stets sein, wenn Ihre Bank Sie beim Onlinebanking um Mitwirkung bittet. So auch bei der Aufforderung, eine Testüberweisung in Höhe von nur 1 Cent zu tätigen. Angeblich sei dies nötig, so die Begründung, weil ein Software-Update anstünde oder die Sicherheitseinstellungen im Onlinebanking erneuert oder aktualisiert wurden. Angenommen, Sie machen mit und merken nicht, dass Betrüger dahinterstecken, was passiert dann?

Sie überweisen den angegebenen Minibetrag auf ein fremdes Konto. Was Sie nicht wissen: Die Website Ihrer Bank wurde gehackt, und der Betrüger wird Sie via Testüberweisung um viel Geld erleichtern. In Wirklichkeit wird nämlich eine echte Überweisung auf ein Konto im Ausland durchgeführt. In Ihren Login-Bereich hat sich der Drahtzieher schon eingehackt und kann damit steuern, was Sie am Bildschirm sehen. Er braucht nur noch eine gültige TAN, und die können nur Sie liefern, indem Sie sich wahlweise eine mTAN zusenden lassen oder eine SmartTAN durch Einschieben Ihrer Debitkarte in den TAN-Generator erzeugen und eingeben. Was Sie auf dem Monitor sehen, ist dann falsch: das Empfängerkonto ist längst geändert und ebenso die eingegebene Summe von 1 Cent. Auch das Wort »Muster« oder »Test« im Feld »Verwendungszweck« wird nur Ihnen im Online-Überweisungsformular angezeigt. In Wirklichkeit überweist der Hacker 8000 Euro oder 10 000 Euro von Ihrem Konto auf seines. Die Überweisung wird wirklich durchgeführt und nicht nur als Test. Das heißt: Wenn Sie sich auf diese Masche einlassen, sind Sie sehr viel Geld los.

Grundsätzlich gilt: Banken bitten Kunden nicht um Mithilfe

Was auch immer die Bank an Software-Updates und Sicherheitseinstellungen vornehmen muss – sie wird dabei ganz sicher nicht ihre Kunden um Mithilfe bitten. Behalten Sie das im Hinterkopf, machen Sie keinesfalls mit. Dann sind Sie auf der sicheren Seite.

Onlinebanking: Machen Sie das nie von fremden Rechnern aus

Von fremden Rechnern aus sollten Sie kein Onlinebanking machen. Erledigen Sie Ihre Bankgeschäfte nur vom heimischen Rechner und Ihrem heimischen WLAN oder LAN aus. Die Rechtsprechung hat längst entschieden: Bei Datenklau, einer gefälschten Bankenwebsite oder sonstigen Unregelmäßigkeiten beim Onlinebanking haftet die Bank, wenn Sie auf Ihrem Rechner eine aktuelle Firewall und ein ebenso aktuelles Antivirenprogramm installiert haben. Bei fremden Rechnern können Sie nicht wissen, ob das der Fall ist. Es ist nicht ausgeschlossen, dass sie längst mit Spähprogrammen und Viren infiziert sind. Deshalb sollten Sie auf Ihre eigenen Geräte setzen.

Ich rate auch zur Vorsicht bei Banking-Apps auf dem Smartphone. Ob diese bereits so sicher sind wie das Onlinebanking, ist noch nicht erwiesen. Und ob Ihr Smartphone einen ausreichenden Schutz gegen feindliche Trojaner und Hacks aufweist – wer weiß das schon?! Im Zweifel sollten Sie da lieber vorsichtig sein.

Bankvollmacht: Sorgt für Handlungsfähigkeit

Ein letzter Tipp im Bereich Banken betrifft eine ganz heikle Frage: Wer kann notfalls für Sie auf Ihr Konto zugreifen, wenn Sie einmal handlungsunfähig sein sollten? Etwa nach einem Unfall, Herzinfarkt oder Schlaganfall? Sorgen Sie für dieses Szenario vor, auch wenn es Ihnen gänzlich unwahrscheinlich vorkommen mag.

Das richtige Mittel ist eine Bankvollmacht und hier idealerweise eine »Vollmacht über den Tod hinaus«. Damit geben Sie einer

Person Ihres Vertrauens Zugriff auf Ihr Konto. Sie darf dann Geld abheben, Überweisungen tätigen, Daueraufträge einrichten oder löschen und auch Einzugsermächtigungen erteilen. Lediglich Kredite aufnehmen darf sie nicht. Doch damit ist sichergestellt, dass etwa fällige Rechnungen bezahlt oder benötigte Gelder verfügbar sind. Ob es nun Ihr Ehepartner, Ihre Eltern oder Ihre Geschwister sind, denen Sie eine Vollmacht geben: Mit der Bevollmächtigung einer Person Ihres Vertrauens haben Sie für den schlimmsten Notfall vorgesorgt.

Zur Einrichtung einer Vollmacht gehen Sie einfach zusammen mit der Person oder den Personen, die Sie bevollmächtigen wollen, zu einer Filiale Ihrer Bank. Besagte Personen müssen sich mit Personalausweis oder Pass legitimieren. Direktbanken ohne Filialnetz haben hierfür ein entsprechendes Onlineformular, das Sie ausfüllen. Zusätzlich muss sich die bevollmächtigte Person üblicherweise per Post- oder Videoidentverfahren legitimieren. Eine Bankvollmacht muss nicht für die Ewigkeit sein. Sie kann jederzeit widerrufen werden. Aber eine Beruhigung ist es doch, wenn notfalls jemand an Ihrer Stelle die nötigen Bankgeschäfte erledigen kann.

EINKAUFEN UND BESTELLEN

Nein, ich bin nicht angetreten, an dieser Stelle den großen Verzicht zu predigen. Denn letztlich wissen Sie selbst am besten, was Sie benötigen – und was Ihnen Freude macht, auch wenn Sie es nicht unbedingt brauchen (auch das hat seine Berechtigung). Einige wenige Tipps will ich Ihnen zum Thema Einkauf gleichwohl auf den Weg geben. Es handelt sich zum einen um Spartipps, zum anderen um Warnungen vor Kostenfallen oder psychologischen Fallen.

Ein Hinweis noch: Wenn ich an bestimmten Stellen einzelne Händler, Marken oder Hersteller namentlich aufführe, dann ist das lediglich ein Beispiel und keine Empfehlung. Ich mache keine Schleichwerbung – und bekomme auch kein Geld für die Erwähnung.

Persönliche Werbung unterbinden

Das wichtigste Prinzip für einen Einkauf, der den Geldbeutel schont, besteht darin, sich gar nicht erst in Versuchung führen zu lassen. Deshalb befassen sich die ersten Tipps in dieser Kategorie damit, unüberlegte Spontankäufe zu erschweren. Und für diese sind allzu häufig Werbeanrufe oder postalisch oder per E-Mail zugestellte Werbesendungen verantwortlich.

Werbeanrufe

Hand aufs Herz: Wie viele Werbeanrufe erhalten Sie in der Woche? Sind es drei? Sind es fünf? Oder sogar noch mehr? Eigentlich verbietet der Gesetzgeber die Kundenakquise per Telefon. Eine Ausnahme besteht lediglich, wenn die angerufene Person ausdrücklich eingewilligt hat oder wenn – bei bestehender Geschäftsbeziehung – von einer Einwilligung auszugehen ist. Und genau hier liegt der

Knackpunkt: Sie brauchen nämlich nur einmal ein Testpaket bei einem der vielen Wein-, Hemden-, Umwelt- oder Bequemschuh-Versandhäuser bestellt zu haben und schon stehen Sie auf der Liste der Kunden, die immer wieder angerufen werden.

Manche Anrufer sind recht geschickt, verwickeln Sie in ein Gespräch und sind so nett, dass das Bedürfnis entsteht, sich irgendwie zu revanchieren. Was wäre da leichter, als eine Bestellung aufzugeben? Wo doch das angepriesene Sonderangebot außerdem so günstig erscheint? Sich dem gezielt aufgebauten psychologischen Druck eines geübten Verkäufers zu entziehen, ist gar nicht so leicht. Daher lautet die beste Empfehlung in diesem Zusammenhang: Sagen Sie gleich zu Beginn des Telefongesprächs, dass Sie keinerlei Werbe- und Marktforschungsanrufe wünschen. Das ist leichter, als dem Gesprächspartner nach einem längeren Telefonat mitzuteilen, dass Sie lieber doch nichts bestellen wollen. Das funktioniert übrigens auch bei Versendern, bei denen Sie guter Kunde sind. Denn der Gesetzgeber zwingt die Versandhändler, ein explizit ausgesprochenes »Bitte keine Werbeanrufe!« auch zu respektieren.

Bei besonders hartnäckigen Anrufern lohnt sich der Verweis, Sie würden die örtliche Verbraucherzentrale einschalten oder die Wettbewerbszentrale informieren. Beide Institutionen mahnen Unternehmen ab, die regelwidrig Telefonakquise betreiben. Wenn jemand Ihnen also besonders unverschämt kommt, ist das das richtige Mittel, um alle weiteren Versuche zu unterbinden, Sie zum Kauf oder Vertragsabschluss zu bewegen.

Werbesendungen per Post oder E-Mail

Kataloge und Werbesendungen können Sie abbestellen, Telefon- und E-Mail-Werbung unterbinden. Und die wahre Prospektflut, die mehrmals wöchentlich vielleicht auch in Ihrem Briefkasten landet, können Sie ebenfalls mit dem Aufkleber »Bitte keine Werbung« unterbinden. Das ist besser für die Umwelt und schont außerdem Ihren Geldbeutel. Denn dadurch werden Kaufanreize für Waren geschaffen, die Sie weder brauchen noch wirklich wollen.

Hier gilt Ähnliches wie bei Telefonanrufen: Ohne Ihr explizites Einverständnis darf niemand Sie mit Werbung zuballern. Aber bei Bestandskunden gelten diese Anforderungen als erfüllt. Bei Versandhändlern, bei denen Sie als Kunde geführt werden, hilft daher nur eines: Rufen Sie dort an oder schreiben Sie eine E-Mail und bitten Sie, Ihre (E-Mail-)Adresse für die schriftliche Werbung und Ihre Rufnummer für Marktforschung und Telefonmarketing zu sperren.

Keine Sorge, Sie verpassen nichts. Dank Internet haben Sie trotzdem die Möglichkeit, sich über aktuelle Rabattaktionen und neueste Produkte zu informieren. Bloß werden Sie den Webshop des entsprechenden Versenders von sich aus üblicherweise erst dann aufsuchen, wenn Sie wirklich etwas brauchen.

Eintrag in die Robinsonliste – einen Versuch ist es wert

Sagt Ihnen der Name »Robinsonliste« etwas? Das ist eine Sperrliste, mit der Sie als Verbraucher die an Sie gerichtete Werbung unterbinden können, so jedenfalls das vollmundige Versprechen der Anbieter. Zwei Verbände bieten den kostenfreien Eintrag in eine solche Robinsonliste an:

- Beim **Deutschen Dialogmarketing Verband DDV** können Sie unter **www.ichhabediewahl.de** die an Sie adressierte postalische Werbung unterbinden. Sie brauchen dazu kein Benutzerkonto anlegen, es genügt, ein Onlineformular auszufüllen und nach dem Absenden auf einen per E-Mail erhaltenen Bestätigungslink zu klicken. Dabei haben Sie die Möglichkeit, generell jede Werbung zu verbieten oder alternativ bestimmte Bereiche, für die Sie sich sowieso nicht interessieren. Völlig klar: Wenn es Ihnen ums Geldsparen geht, sollten Sie die erste der beiden Optionen wählen. Sie können mit Ihrem Eintrag aber nicht verhindern, weiterhin Postwurfsendungen zu erhalten, die unadressiert an alle Haushalte gehen. Außerdem gilt Ihr Eintrag jeweils nur für fünf Jahre, dann muss er erneuert werden.

- Der Interessenverband Deutsches Internet I. D. I. bietet unter der Adresse **www.robinsonliste.de** ebenfalls die Möglichkeit an, die eigenen Kontaktdaten für Werbung zu sperren. Hier geht es um Mobilfunk, Festnetz und Fax, um Briefsendungen und E-Mails. Für den Eintrag müssen Sie zunächst ein Benutzerkonto erstellen, das als »Schutzkonto« bezeichnet wird. Die Eintragung ist unbegrenzt gültig. Für eine laufende Aktualisierung der Daten – etwa nach einem Umzug oder Rufnummernwechsel – sind aber Sie selbst verantwortlich.

Allzu viel sollten Sie sich vom Eintrag in die Robinsonliste(n) nicht versprechen. Denn längst nicht alle Werbetreibenden sind in diesen Verbänden organisiert und führen einen Adressabgleich ihrer Werbelisten mit der Robinsonliste durch. Auch agieren viele Unternehmen aus dem Ausland und halten sich weder an freiwillige Vereinbarungen noch an die Gesetze in Deutschland. Aber da der Eintrag bei beiden Verbänden kostenfrei ist und die Durchführung nur wenige Minuten in Anspruch nimmt, können Sie es ja mal versuchen.

Bequem, aber oft teuer: Spracheinkauf mit »Alexa«

Der Versandhändler Amazon lässt sich immer wieder Neues einfallen, um seine Kunden an sich zu binden. Großen Erfolg hat er mit seiner Sprachassistentin »Alexa«. Diese kann weitaus mehr, als Ihnen morgens auf Wunsch den Wetterbericht vorzulesen oder Ihren Liedwunsch abzuspielen. Als Amazon-Prime-Mitglied haben Sie die Möglichkeit, Ihre Bestellungen per Spracheingabe via Alexa auf den Weg zu bringen. Das mag ungeheuer bequem sein. Aber aus drei Gründen rate ich Ihnen dringend davon ab.

Grund 1: Die psychologische Falle

Bequemlichkeit kann im Alltag eine unglaublich teure Falle sein. Stellen Sie sich vor, jeder spontan aufkommende Wunsch erfüllt sich sofort, wenn Sie ihn aussprechen. Da hat die Vernunft doch keine Chance. Wer überall und jederzeit die Möglichkeit hat, Waren zu bestellen, wird dies auch verstärkt nutzen. Die Konsequenz dieser sofortigen Wunscherfüllung durch das digitale Dienstmädchen Alexa sieht der Betroffene erst dann, wenn er seine Abbuchungen schwarz auf weiß auf dem Kontoauszug oder im Onlinebanking sieht: Für Spontankäufe geht Tag für Tag viel Geld drauf!

Grund 2: Die intransparente Produktauswahl

Sie können bei einer Bestellung via Spracheingabe das gewünschte Produkt genau bezeichnen (z. B. »Alexa, bestelle mir den Kaffeevollautomaten XY der Marke Z. «). Alternativ akzeptiert Alexa aber auch eine Bestellung ohne genauere Angaben zum gewünschten Hersteller oder zur gewünschten Marke. Sie macht dann Vorschläge – aber wie genau sie diese auswählt, bleibt im Dunkeln. Das heißt, es kann sehr gut sein, dass Alexa Ihnen dann eben das Produkt desjenigen Herstellers vorschlägt, der eben am meisten für eine prominente Platzierung zahlt. Das wäre zwar wettbewerbsrechtlich bedenklich – aber wo kein Kläger, da kein Richter. Für Sie hieße das: Im Zweifelsfall landen Sie bei einem teuren statt bei einem preiswerten Produkt.

Grund 3: Der fehlende Preisvergleich

Wer bei Alexa bestellt, wird von Amazon beliefert. Auch wenn sich der Onlinehändler redlich Mühe gibt, extrem günstig zu erscheinen, sieht die Realität doch anders aus: Amazon gehört beileibe nicht immer zu den billigsten Anbietern. Aber der Preisvergleich mit dem Angebot anderer Händler bleibt auf der Strecke, wenn Sie via Alexa bestellen. Am Computer, am Smartphone oder selbst in einem Einkaufszentrum dagegen könnten Sie prüfen, ob Sie das Gewünschte womöglich nicht anderswo günstiger erhalten. Dass Sie durch Alexa außerdem für Amazon gläsern sind und deshalb umso gezielter mit Werbung eingelullt werden können, ist Ihnen sicherlich nicht neu. Aber selbst, wenn Ihnen das nichts ausmacht und Sie nicht mehr auf die Sprachassistentin verzichten möchten, sollten Sie es sich zumindest verkneifen, per Spracheingabe via Alexa zu bestellen.

Supermarkt, Discounter oder Baumarkt: Schnäppchen finden und überteuerte Ware vermeiden

Kleine Ersparnisse beim alltäglichen Einkauf: Vielleicht fragen Sie sich, ob es jetzt den ganz großen positiven Effekt auf Ihre Finanzen hat, wenn Sie bei jedem Einkauf ein paar wenige Euro sparen. Die Frage ist berechtigt – doch ist die Wirkung größer, als Sie vielleicht meinen. Denn: Ein- bis zweimal in der Woche kaufen Sie doch sicher ein. Angenommen, Sie erzielen durch die folgenden Tipps jedes Mal eine Ersparnis von 3 bis 5 Euro. Das wäre aufs Jahr gesehen dann schon keine Kleinigkeit mehr. Und diese Ersparnis lässt sich bereits erzielen, wenn Sie sich die Psychologie des Einkaufens vergegenwärtigen, die die Betreiber von Supermärkten, Discountern und Baumärkten ganz selbstverständlich einsetzen – allerdings um Sie zu mehr Käufen und teureren Produkten zu verführen.

Die teuerste Ware liegt oben rechts, die günstigste unten links

Wenn Sie im Supermarkt oder Discounter unterwegs sind, dann wollen Sie üblicherweise nicht lange suchen. Ein Blick auf Augenhöhe, ein Griff ins Regal und die gewünschte Ware sollte in Ihrer Hand liegen. Die Bequemlichkeit der meisten Supermarktkunden wird schon beim Bestücken der Regale mit Ware berücksichtigt. Die Mehrheit der Kunden will sich nicht bücken und sie wendet sich (weil die meisten Menschen Rechtshänder sind) tendenziell eher nach rechts statt nach links. Die teuersten Produkte – meist die namhafter Markenhersteller werden Sie daher üblicherweise rechts und auf Augenhöhe finden. Günstigere Ware dagegen – also preiswerte Ersatzprodukte außerhalb irgendwelcher auffällig beworbener Rabattaktionen und Sonderangebote – finden Sie häufig links unten, in Baumärkten mit höheren Regalen auch links oben, weit über Augenhöhe. Machen Sie sich doch einfach mal die Mühe, bei häufig benötigten Alltagsgütern wie Toilettenpapier, Zucker oder Duschgel, den Blick nach links unten zu drehen: Da finden Sie die Schnäppchen.

Vergleichen Sie stets den Grundpreis

Schauen Sie auf dem Preisschild am Regal nicht nur auf den Endpreis (z. B. für 200 Milliliter Schauma-Shampoo, 7 Kilogramm Ariel-Waschmittel oder 176 Gramm Ritter-Sport-Schokowürfel), sondern auch auf den Grundpreis. Falls Sie kleine Schriften nicht mehr problemlos ohne Hilfsmittel lesen können, gehen Sie nie ohne Lesebrille einkaufen. Die Gesetzeslage macht es Ihnen bei Lebensmitteln und Verbrauchsgütern leicht, die Preise zu vergleichen. Sie müssen die Preise nicht umrechnen, um ein Produkt des Herstellers A (250 Gramm) mit einem gleichartigen Produkt des Herstellers B (300 Gramm) zu vergleichen. Sie müssen nur auf den so genannten Grundpreis schauen. Dieser Grundpreis bezieht sich immer auf volle 100 Gramm oder 1 Kilogramm beziehungsweise auf 100 Milliliter oder 1 Liter. Er muss laut Grundpreisverordnung zusätzlich zum Endpreis für das jeweilige Gebinde zwingend angegeben werden (außer in kleinen Läden mit einer Verkaufsfläche von weniger als 200 Quadratmetern).

Den Betreibern von Supermärkten und Discountern ist diese Regelung natürlich ein Dorn im Auge. Deshalb wird der Grundpreis zwar vorschriftsgemäß unter dem Endpreis auf dem Preisschild angegeben, aber die Schrift ist so klein, dass sie leicht übersehen wird oder von Menschen, die zum Lesen eine Brille brauchen, nicht entziffert werden kann.

Aber wer sich einmal angewöhnt hat, auf den Grundpreis zu schauen, der findet es ausgesprochen praktisch: Anhand des Grundpreises können Sie problemlos vergleichen, ob etwa die angebotene Großpackung, die auf einem auffälligen Pappregal gleich hinter der Obsttheke platziert ist, wirklich günstiger ist als die regulär verpackte Ware im Regal. Oft genug werden Sie feststellen: Das vermeintliche Schnäppchen ist teurer! Dazu gleich mehr im nächsten Tipp.

Ignorieren Sie Aufstellerware

Ist Ihnen schon mal aufgefallen, wie häufig im Supermarkt zusätzliche Papp- oder Plastikregale aufgestellt werden, die es allein durch ihren Platzbedarf schwer machen, den Einkaufswagen zügig durch die Gänge zu bugsieren? Das ist natürlich Absicht. Sie sollen aus Sicht des Betreibers ja gerade nicht mit dem Einkaufszettel in der Hand gezielt nur das ansteuern, was Sie wirklich brauchen. Der Supermarkt verdient mehr, wenn Sie nicht wie ein geölter Blitz an den Regalen vorbeirasen. Stattdessen sollen Sie möglichst lange im Markt verweilen und zum Einkauf von Dingen verführt werden, die Sie ohne die aufwendige Werbung und Platzierung vielleicht gar nicht kaufen würden.

So zum Beispiel kommen Sie vor Weihnachten und Ostern kaum um die großen Lindt-Pappaufsteller herum, in der Weihnachtsmänner, Osterhasen oder auch Pralinenschachteln in jeglicher Größe attraktiv präsentiert werden. Häufig lassen sich die Supermärkte die Aufstellung sogar von den Herstellern sponsern, sprich bei einem Ariel-Aufsteller zahlt für die prominente Platzierung der Konsumgüterkonzern Procter & Gamble, weil er weiß, dass er damit viele Kunden zum Kauf seines Waschmittels animiert.

Aber genau das sollten Sie nicht tun. Es sind nicht unbedingt die Schnäppchen, die in solchen dekorativen Aufstellern platziert werden, auch wenn die Aufmachung das suggeriert. Häufig finden Sie weniger auffällige Gebinde des gleichen oder eines anderen Herstellers ebenfalls im Regal – und dann zum günstigeren Grundpreis.

Greifen Sie zu Eigenmarken und No-Name-Produkten

Bei vielen Alltagsgütern fahren Sie mit günstigen No-Name-Produkten oder mit den Eigenmarken der verschiedenen Märkte und

Discounter günstiger. So führt Aldi zum Beispiel fast keine Markenartikel, sondern bietet beinahe das gesamte Sortiment unter irgendwelchen Fantasienamen an und gibt nicht preis, wer die Ware hergestellt hat.

In Supermärkten dagegen finden Sie häufig Eigenmarken, wie Gut & Günstig bei Edeka, Ja! bei Rewe oder Milbona bei Lidl. Die Ware ist dann wirklich günstiger als vergleichbare Markenprodukte.

Zugegeben: Dieser Tipp eignet sich nicht für alle Nahrungsmittel und Verbrauchsgüter, die Sie benötigen. Denn selbst wenn dahinter die üblichen Markenhersteller stecken, sind oft die Zutaten andere und nicht selten billigere. Das gilt nicht nur für Nahrungsmittel, bei denen man beispielsweise billigere Gewürze nehmen kann, sondern auch für Verbrauchsgüter wie Waschmittel, Zahnpasta oder Shampoo. Bei Waschmittel etwa betreiben die Hersteller viel Aufwand, um sie mit einem angenehmen Duft auszustatten. Ich hatte selbst schon No-Name-Produkte vom Discounter, die mir wegen ihres muffigen Geruchs sofort unangenehm aufgefallen sind.

Trotzdem sollten Sie probieren, welche Markenartikel Sie ohne Qualitätsverlust bei häufig benötigter Ware durch No-Name-Produkte ersetzen können, etwa Apfelmus, Kompott oder Marmelade, aber auch Toilettenpapier oder Sonnencreme. Die Ersparnis ist groß, wenn Sie nicht für die teure Markenwerbung des Herstellers mitbezahlen müssen.

Wann es sich lohnt, gezielt nach Sonderangeboten und günstigen Großpackungen zu stöbern

Auch wenn meine Empfehlung lautet, Post-, E-Mail- und Telefonwerbung zu unterbinden, lohnt es sich, auf Sonderangebote zu achten. Das gilt vor allem bei Verbrauchsgütern, die Sie sowieso benötigen.

Denn häufig werden Sie nicht irgendein Shampoo oder irgendein Waschmittel kaufen, sondern ein bestimmtes, das Ihren Vorstellungen von Qualität entspricht. Achten Sie gerade bei sehr lange haltbaren Dingen auf die Schnäppchen. Diese finden Sie, selbst wenn Sie keine Werbeprospekte erhalten haben, häufig auf diversen Plakaten und Angebotsschildern vor und in den Märkten. Wenn Sie auf ein solches Angebot stoßen, spricht nichts dagegen, sich gleich einen kleinen Vorrat anzulegen – drei bis vier Tuben Zahnpasta haben sicherlich noch im Spiegelschrank Ihres Badezimmers Platz, und vielleicht können Sie dort auch noch einige Flaschen Shampoo oder Duschgel unterbringen.

Vorsicht allerdings bei Lebensmitteln

Bei verderblicher Ware beschränkt die Haltbarkeit die Vorratshaltung. Selbst vermeintlich lang haltbare Produkte wie Mehl haben ein Ablaufdatum, Vollkornmehl hält nur etwa ein halbes Jahr, Weißmehl vielleicht ein Jahr. Zudem besteht bei langem Lagern die Gefahr von Schädlingsbefall. Kartoffeln und Äpfel sollten Sie nur dann einlagern, wenn Sie sie rechtzeitig verbrauchen können, bevor sie schlecht werden. Bei Lebensmitteln ist es gerade in Singlehaushalten oder bei Zeitmangel häufig besser, kleinere Mengen entsprechend dem wirklichen Bedarf einzukaufen. Denn eine große Geldverschwendung liegt im Einkauf vermeintlich günstiger Großmengen, die aber vergammeln, bevor sie vollständig aufgebraucht werden.

Foodsharing: Übriges Essen per App günstig kaufen

Lebensmittel wegzuwerfen, das geht nicht nur ins Geld, sondern ist eine Ressourcenverschwendung sondergleichen. Wenn Sie also zugleich Ihren Geldbeutel schonen und der Umwelt etwas Gutes tun wollen, dann probieren Sie doch einmal eine Foodsharing-App aus. Am bekanntesten ist Too Good To Go. Hier haben Sie die Möglichkeit, nach Anmeldung bei teilnehmenden Restaurants in Ihrer Nähe übriggebliebene Mahlzeiten abzuholen und dafür weitaus weniger zu bezahlen als den ursprünglichen Preis. In der App, die Sie kostenlos herunterladen können, wird Ihnen angezeigt, welches angeschlossene Restaurant, welcher Imbiss, welche Bäckerei oder Konditorei entsprechende Reste hat. So kommen Sie zu einem günstigen Essen für wenige Euro und das Restaurant muss die Nahrungsmittel nicht wegwerfen. Die Bewertungen im Internet sind allerdings durchwachsen. Hauptproblem: Die Zeitspanne für die Abholung ist meist eng begrenzt und oft auch recht spät. Außerdem haben Sie nicht die Wahl, was Sie genau in Ihre Tüte bekommen.

Aber machen Sie sich doch mal in Ihrer Stadt kundig. Es gibt viele lokale Initiativen zur Weiterverteilung von Essen, das ansonsten weggeworfen werden müsste. Dabei geht es nicht nur um fertig zubereitete Mahlzeiten, sondern auch um Zutaten. Geben Sie dazu einfach das Wort »Foodsharing« oder »Foodsaving« und den Namen Ihrer Stadt in Google ein. Es sind keineswegs nur die Tafelläden, die solche Konzepte unterstützen. Und vielleicht finden Sie damit eine Möglichkeit, sehr günstig und umweltfreundlich an gute Nahrungsmittel zu kommen.

Eisernes Prinzip: Kein Konsum auf Kredit

Konsumieren auf Kredit – das führt mit hoher Wahrscheinlichkeit in eine finanzielle Klemme. Ob Auto, Urlaub oder ein hochwertiges Tablet: Selbst wenn der Händler Ihnen eine Null-Prozent-Finanzierung anbietet, sollten Sie sich das versagen. Denn: Es muss nur eine unvorhergesehene Ausgabe dazukommen und Sie sind in echten Schwierigkeiten.

Angenommen, Sie müssen Tausende von Euro an Heiz- oder Stromkosten nachzahlen. Oder Ihre Waschmaschine geht kaputt. Oder Ihr altes Auto lässt Sie im Stich. Wenn Sie schon einen Kredit bedienen müssen und dann noch einen zweiten brauchen, wird es finanziell eng.

Grundsatz: Kredite nur für Notfälle

Deshalb gilt für Nichtunternehmer der eiserne Grundsatz: Kredite sind nur für absolute Notfälle da (Ausnahme: Immobilienfinanzierung). Alle anderen Anschaffungen und Annehmlichkeiten sollten Sie tunlichst aus Ihrem Ersparten bestreiten – oder lieber darauf verzichten. Lassen Sie sich von anderen nicht einreden, Sie hätten etwa ein Recht auf einen teuren Urlaub selbst dann, wenn noch nicht einmal ein Bruchteil des dafür benötigten Geldes auf dem Konto liegt. Denn die Erholung ist schnell vergessen, wenn Sie danach noch monatelang Ihre Schulden bedienen müssen und sich im Alltag keinerlei kleine Freuden gönnen können.

Abonnements: eine Alternative zum Einzelkauf

In einigen Fällen kann der Abschluss eines Abos günstiger sein, als die Produkte zum Einzelpreis zu kaufen. Dennoch sind auch hier einige Überlegungen einzubeziehen: Wie flexibel kann das Abo gestaltet werden? Kann zwischen verschiedenen Versandrhythmen gewählt werden? Kann das Abo ausgesetzt werden (z. B. wenn der Verbrauch doch nicht so hoch ist wie angenommen)? Wie lange ist die Kündigungsfrist? In einer Abofalle sollten Sie nicht landen. Aber manchmal lohnt sich ein Abo eben doch.

Rasierklingen-Abo: Hohe Ersparnis für den Alltagsbedarf

Selbst wenn Sie gern zum Einkaufen gehen: Manche Dinge sind einfach lästig, aber eben auch nötig. So zum Beispiel Rasierklingen für Männer, die sich lieber nass rasieren, als zum Elektrorasierer zu greifen. Die Kosten sind, zumindest für hochwertige Klingen, meist beträchtlich. Doch bis zu 20 Prozent vom Ladenpreis lassen sich durch ein Rasierklingen-Abo sparen. Da kein Einzelhändler mehr dazwischengeschaltet ist, der am Verkauf verdienen muss, erhalten Sie als Endkunde einen satten Rabatt. Anbieter sind zum einen Hersteller wie Gillette. Es gibt aber auch einige Händler, die solche Abos für verschiedene Hersteller und Marken anbieten, so zum Beispiel Perfect Shave (www.perfect-shave.de). Das Abo ist üblicherweise versandkostenfrei.

Windel-Abo: Sparsam und recht praktisch

Wer ein Baby hat, der kann sich auch Windeln im Abonnement bestellen, so zum Beispiel bei Lillydoo (www.lillydoo.de) und Babywin (www.babywin.de). Auch hier winkt eine Ersparnis auf den Einzelkauf im Geschäft. Zudem erspart Ihnen ein Windel-Abo den nervtötenden Transport der Windelpackungen vom Supermarkt nach Hause, die zwar nicht schwer, aber sperrig sind. Je nach Anbieter haben Sie die Auswahl zwischen verschiedenen Marken. Sie müssen sich meist auf einen Liefertermin festlegen und natürlich die Menge sowie die Dauer des Abos bestimmen; möglich sind hier bis zu 24 Monate. Aufgepasst: Ein Windel-Abo passt sich nicht automatisch an den Größenzuwachs Ihrer Kinder an. Ein bisschen Planung gehört also dazu – sowohl für die Laufzeit als auch für die Bestellung der benötigten Mengen.

Übrigens ist ein Windel-Abo auch als Geschenk für frischgebackene Eltern eine Option. Das ist zwar vielleicht nicht so hübsch wie ein neuer Strampelanzug, ein Teddybär oder Stoffwürfel. Aber garantiert wird es nach Rücksprache dankbar angenommen – weil es gerade bei Markenwindeln eine echte finanzielle Entlastung für die junge Familie bringt.

Lohnen sich sonstige Produkt-Abos?

Wenn Sie beispielsweise im Onlineshop von Amazon nach Markenduschgel, Shampoo oder Zahnpasta suchen, werden Sie feststellen: Auch hierfür wird häufig ein Abo angeboten, selbstverständlich ohne Versandkosten und mit einer angegebenen Ersparnis von 5 Prozent gegenüber dem regulären Preis. Könnte sich ein solches Abo nicht auch lohnen? Zwei wichtige Gründe sprechen dagegen: Anders als bei Rasierklingen oder Windeln können Sie den Verbrauch vorab schlecht einschätzen. Oder wissen Sie genau, wie viele Wochen verstreichen, bis Ihr Duschgel, Ihr Shampoo oder Ihre

Zahnpasta aufgebraucht ist? Es könnte also sein, dass der Nachschub schneller da ist als nötig und dass Sie folglich mehr kaufen und damit auch mehr Geld ausgeben als geplant. Das ist zwar nicht weiter schlimm, weil diese Ware nicht so schnell verdirbt. Aber angesichts der recht kleinen Ersparnis – der zweite Grund, der gegen ein solches Abo spricht – ist hier ein Einkauf auf Vorrat sowieso besser: Wenn Sie Ihre Lieblingsmarke im Angebot finden, greifen Sie zu und kaufen Sie gleich mehrere Flaschen oder Tuben. Hier fällt die Ersparnis garantiert größer aus als bei Amazon, zumal der Versandhändler beim Preisvergleich meist deutlich schlechter abschneidet als diverse Drogeriehändler wie dm oder Rossmann.

Ob sich für Sie ein Gemüsekisten-Abo lohnt, hängt von Ihren persönlichen Gewohnheiten ab. Wer eine Familie hat und gerne kocht – vorzugsweise in Bioqualität – der kann damit sehr gute Ware zum angemessenen Preis bekommen. Die Waren werden saisonal und im besten Fall auch aus regionaler Produktion geliefert – und oft sind Rezepte dabei. Wer allerdings die Erfahrung macht, dass die Hälfte der abonnierten Gemüsekiste dann doch wieder im Müll landet, weil die Kinder den gelieferten Mangold nicht mögen oder der Topinambur nicht Ihren Geschmacksvorstellungen entspricht, der sollte ein solches Abo schnellstens wieder kündigen. Zudem lohnt es sich selten für Singles oder Zwei-Personen-Haushalte – die Liefermengen sind in der Regel auf Familien ausgerichtet.

Vorsicht vor Abofallen

Die eben aufgeführten Abos können eine echte Ersparnis bringen und Ihren Alltag erleichtern. Doch Vorsicht: Abos können sich auch als richtige Geldfallen entpuppen. Daher rate ich Ihnen: Prüfen Sie, ob Sie all Ihre Abonnements wirklich brauchen oder ob Sie sie nicht aus Gewohnheit beziehen. Oftmals ändert sich der Bedarf auch im Laufe des Lebens und eine Anpassung wird nötig.

Die Sache mit Umtausch oder Rückgabe

Gekaufte Ware umzutauschen oder nach dem Kauf gegen Erstattung des Kaufpreises zurückzugeben, das halten viele Konsumenten für ihr gutes Recht. Aber Achtung, diese Annahme stimmt nicht. Denn: Ein Umtausch- oder Rückgaberecht haben Sie nur in bestimmten Fällen:

- **Fall 1: Die Ware hat Mängel.**
  Dann greift das gesetzliche Gewährleistungsrecht (§ 437 BGB). Das heißt, Sie können vom Händler zunächst Reparatur oder den Umtausch gegen eine mängelfreie Ware verlangen. Wenn das nicht klappt, dürfen Sie den Kaufpreis mindern oder vom Kauf zurücktreten und können Ihr Geld zurückfordern. Zusätzlich muss der Händler Ihnen einen womöglich entstandenen Schaden ersetzen (z. B. einen Wasserschaden, nachdem die neu gekaufte Waschmaschine durch einen Defekt ausgelaufen ist). Beachten Sie zum Gewährleistungsrecht unbedingt die Hinweise im nächsten Tipp.
- **Fall 2: Sie haben die Ware im Fernabsatz bezogen.**
  Fernabsatz ist der juristische Fachbegriff für Versandhandel. Es geht hier um Käufe etwa per Telefon, per Post (Bestellkarte) oder per Onlinebestellung. Dann greift der Widerrufs- und Rücksendeanspruch nach Fernabsatzrecht (§ 355 BGB). Das heißt, Sie müssen den Kauf widerrufen, wenn Sie die Ware nicht wollen. Idealerweise erklären Sie Ihren Widerruf per

Brief oder E-Mail. Dafür haben Sie eine Frist von 14 Tagen nach Erhalt der Ware – das rechtzeitige Absenden genügt. Einen Grund für den Widerruf müssen Sie nicht nennen. Spätestens nach weiteren 14 Tagen müssen Sie auch die Ware zurückschicken – falls Sie das nicht schon zusammen mit dem Widerruf getan haben. Auch hier reicht die rechtzeitige Aufgabe des Pakets. Das Porto müssen Sie selbst zahlen, sofern der Händler Sie darauf hingewiesen hat (viele Händler übernehmen aber freiwillig die Kosten für die Rückfracht). Der Händler muss die Ware dann zurücknehmen und Ihnen den Kaufpreis erstatten. Ist die Ware zu sperrig, um sie zurückzuschicken, können Sie die Abholung vom Händler fordern, das entschied der Europäische Gerichtshof bei einem extrem unhandlichen Partyzelt (23.05.2019, Az. C-52/18). Sie haben außerdem laut Bundesgerichtshof etwa bei Matratzen ein Recht, die Ware auszupacken und auszuprobieren – ganz so, als würden Sie das in einem Kaufhaus oder Ladengeschäft tun (03.07.2019, Az. VIII ZR 194/16). Von diesem Widerrufsrecht ausgeschlossen sind nur Maßanfertigungen (z. B. Möbel mit einem vom Verbraucher gewählten Bezug), verderbliche Ware (z. B. bestimmte Nahrungsmittel) und Sofort-Downloads (z. B. Virenschutzprogramme oder Onlinezeitungen).

- **Fall 3: Sie haben ein Haustürgeschäft abgeschlossen.**
  Ein typisches Haustürgeschäft ist ein Kauf oder eine Bestellung beim Staubsaugervertreter oder Hausierer. Aber auch andere Situationen, in denen Verbraucher häufig überrumpelt und geradezu zum Kauf genötigt werden, zählen dazu, zum Beispiel eine Kaffeefahrt. Hier greift ebenfalls ein 14-tägiges Widerrufs- und Rückgaberecht nach § 312 BGB. Den Widerruf wickeln Sie gleich ab wie in Fall 2 beschrieben.

Im Ladengeschäft ist Umtausch oft Glückssache

Was folgt aus diesen Informationen? Dass Sie sich die Devise abschminken können, die in vielen Köpfen herumgeistert: »Wenn es mir nicht passt oder gefällt, dann kann ich es ja zum Händler zurückbringen und bekomme mein Geld zurück.« Das ist zumindest bei mängelfreien Ladenkäufen nicht der Fall. Ohne Umtausch- oder Widerrufsrecht sind Sie auf die Kulanz des Händlers angewiesen.

Er kann sein Entgegenkommen aber durchaus an Bedingungen knüpfen. Beispielsweise kann er festlegen, dass er nur originalverpackte Ware entgegennimmt. Oder dass reduzierte Ware von einem Umtausch ausgeschlossen ist. Oder dass er Ihnen kein Geld erstattet, sondern Sie stattdessen mit einem Warengutschein über den ursprünglichen Kaufpreis abspeist.

Das ist übrigens die Regel und nicht die Ausnahme und es bedeutet: Das Geld haben Sie so oder so ausgegeben, Sie können sich nur noch aussuchen, was Sie stattdessen dafür haben wollen.

Unterschätzte Konsumfalle: Bestellen zur Ansicht

Das ständige Bestellen und Rücksenden im Versandhandel ist keine Angewohnheit, die Ihrem Geldbeutel guttut. Denn 14 Tage sind eine recht kurze Frist, die schnell verstrichen ist. Und weil die Rücksendungen für Versandhändler sehr viel Geld kosten, können Sie in Sachen Fristeinhaltung nicht auf große Kulanz hoffen.

Außerdem fördert dieses Verbraucherrecht einen ungebremsten Konsum: Einfach mal etwas zur Ansicht bestellen und dann erst entscheiden, ob man es haben will – das spricht nicht für ein planvolles und wohlüberlegtes Einkaufen. Sie tun sich einen großen Gefallen damit, nur das zu kaufen oder zu bestellen, was Sie wirklich brauchen oder haben wollen. Idealerweise sollten Sie vorher eine genaue Vorstellung davon haben. Bei Kleidung und Schuhen geht es kaum ohne Anprobe. Sonst können Sie weder herausfinden, was Ihnen passt, noch, was Ihnen steht. Wenn Sie dies alles im Versandhandel bestellen, verplempern Sie eine Menge Zeit und Geld (wenn der Händler das Rückporto nicht übernimmt) fürs Wiedereinpacken und Zurücksenden. Das muss nicht sein!

Anspruch auf Gewährleistung: Lassen Sie sich nicht abwimmeln

Wie gesagt: Ein Umtauschrecht haben Sie nicht, wenn die Ware keine Mängel aufweist (abgesehen vom 14-tägigen Widerrufsrecht bei Fernabsatz- und Haustürgeschäften).

Liegt dagegen ein Mangel vor, haben Sie als Verbraucher ganz andere Rechte. Lassen Sie sich also nicht abwimmeln. Folgende Aussagen kommen häufig vor, verstoßen aber gegen geltendes Gewährleistungsrecht und werden teuer für Sie, wenn Sie sie unwidersprochen hinnehmen:

- **»Wir nehmen nur originalverpackte Ware zurück.«** Bei einem Mangel dürfen Sie die Ware auch ohne Verpackung zurückbringen. Wenn Sie etwa den Karton der neuen Kaffeemaschine schon weggeworfen haben, bevor sich herausgestellt hat, dass sie nicht ordnungsgemäß funktioniert, beeinträchtigt das keinesfalls Ihr Recht zur Reparatur, zum Umtausch, zur Preisminderung oder zum Rücktritt vom Kauf.
- **»Was schon benutzt wurde, dürfen Sie nicht zurückgeben.«** Doch, das dürfen Sie. Denn es kann ja durchaus sein, dass ein Gerät einige Wochen lang problemlos funktioniert hat,

bevor ein Defekt aufgetreten ist. Zwei Jahre lang können Sie Ihr Recht auf Gewährleistung geltend machen. Aber nur in den ersten sechs Monaten bleibt Ihnen der Beweis dafür erspart, dass Sie den Mangel nicht selbst verursacht haben (etwa durch unsachgemäßen Gebrauch) – diesen Beweis müsste dann der Händler erbringen. Es kann außerdem sein, dass Sie sich die Nutzungszeit anrechnen lassen müssen.

- **»Wenden Sie sich an den Hersteller!«** Auch diese Forderung können Sie bei Mängeln zurückweisen. Beim Hersteller zu reklamieren, ist nicht Ihre Sache. Sie können die Gewährleistungsansprüche gegenüber dem Händler geltend machen, das ist geltende Rechtslage, und zwar unabhängig davon, ob dieser den Hersteller einschaltet oder nicht.
- **»Reduzierte Ware ist vom Umtausch ausgeschlossen.«** Auch das ist eine Regel, die ein Händler nur bei einwandfreier Ware aufstellen kann, nicht aber im Gewährleistungsfall. Selbstverständlich können Sie vorhandene Mängel auch bei Ware, die Sie mit einem Rabatt gekauft haben, geltend machen. Lassen Sie sich deshalb auch bei hohen Rabatten nicht abwimmeln. Denn für eine defekte Ware überhaupt Geld auszugeben, wäre ja unwirtschaftlich.

Gutscheine: So lange sind sie gültig

Sie haben einen Gutschein gekauft oder geschenkt bekommen? Dann stellt sich die Frage, wie lange Sie diesen einlösen können. Hier müssen Sie unterscheiden:

- **Gekaufte Gutscheine** unterliegen der regelmäßigen Verjährungsfrist von drei Jahren (§ 195 BGB). Die Verjährungsfrist beginnt erst mit Ablauf des Jahres zu laufen, in dem der Gutschein erworben wurde. Das heißt: Sie haben für einen Gutschein, den Sie etwa im Juli 2020 gekauft haben, für die Einlösung Zeit bis zum 31. Dezember 2023. Eine Ausnahme besteht lediglich für Gutscheine für Produkte oder Leistungen, die nicht unbegrenzt verfügbar sind, zum Beispiel Eintrittsgutscheine für eine befristete Sonderausstellung im Museum. Bei einem erwarteten Preisanstieg für die Gutscheinware oder -leistung kann der Händler die Gültigkeit enger befristen, beispielsweise auf ein Jahr. Nach Ablauf muss er dann aber den Geldbetrag auszahlen – abzüglich des Gewinns, den er einkalkuliert hat. Rechnen Sie also mit einem Abzug von bis zu 50 Prozent des Gutscheinbetrags. Ansonsten besteht bei Gutscheinen kein Recht auf Auszahlung des Geldes.
- **Vom Händler verschenkte Gutscheine** unterliegen weniger strengen Regeln. Bei Werbegutscheinen, die ein Händler kostenfrei an seine Kunden verteilt, darf er die Bedingungen diktieren. Er darf beispielsweise bestimmte Leistungen oder Produkte ausschließen. Und er darf für die Einlösung eine recht enge Frist setzen (z. B. wenige Tage).

Garantieverlängerung? Reine Geldverschwendung!

Ob Sie nun einen Laptop kaufen oder einen Flachbildfernseher: Im Elektronik- oder Baumarkt wird Ihnen gegen einen Aufpreis von 10 Euro, 30 Euro, 50 Euro oder auch 100 Euro häufig eine Garantieverlängerung auf beispielsweise drei oder fünf Jahre angeboten. Das ist eine Art Mini-Versicherungspolice, die bei Schäden für die Reparatur oder für den Ersatz des defekten Gerätes aufkommt. Was ist davon zu halten? Um es gleich zu sagen: Sie sparen viel Geld, wenn Sie eine solche Garantieverlängerung rundweg ablehnen. Denn Sie brauchen eine solche keineswegs:

- Für zwei Jahre haben Sie ein gesetzliches Gewährleistungsrecht, können also bei auftretenden Mängeln auch ohne Garantieverlängerung reklamieren, sofern nicht selbst verursacht.
- Anders als die gesetzliche Gewährleistung ist die Garantie etwas, dessen Umfang der Anbieter ebenso selbst bestimmt wie die Antwort auf die Frage, wann der Garantiefall eingetreten ist. Und Sie können ziemlich sicher sein, dass in den angebotenen Garantieverlängerungspolicen sich Garantieanspruch und Leistung nicht an dem orientieren, was Sie mit hoher Wahrscheinlichkeit wirklich brauchen. Konkret: Die Garantie umfasst bei Laptops in der Regel nicht den Ersatz von Akkus oder Netzteilen (die wirklich vergleichsweise schnell defekt sind). Außerdem wird meistens allenfalls der Zeitwert ersetzt und nicht der Neuwert. Sie bekommen also bei einem Defekt nach drei Jahren keinen neuwertigen Flachbildfernseher, sondern nur den Preis, den ein dreijähriges Gerät vom gleichen Hersteller aktuell am Markt noch wert wäre.

Kurz gesagt: Garantieverlängerungen sind meistens reine Beutelschneiderei. Als Verbraucher haben Sie nichts davon.

Parken am Supermarkt: Hier lauert eine Kostenfalle

Wo der Parkraum knapp ist, werden auch Supermärkte und Discounter knauserig. Zwei Varianten haben sich, gerade in Innenstadtnähe, durchgesetzt – und das beileibe nicht nur in Großstädten mit chronischer Verkehrsüberlastung.

Entweder, die Supermarktparkplätze haben eine Schranke und einen Parkscheinautomat. Das ist durchaus legitim, zumal viele die Parkgebühr dann ab einem bestimmten Einkaufswert ganz oder teilweise erstatten. Eine echte Kostenfalle ist aber die zweite Variante, die sich auch bei kleineren Städten in der Nähe von Bahnhöfen oder Fußgängerzonen immer mehr durchsetzt, egal ob Lidl, Rewe oder Edeka: Die Bewirtschaftung des Supermarktparkplatzes wird an ein separates Unternehmen übertragen. Ein Schild weist dann darauf hin, dass die Parkzeit begrenzt ist, zum Beispiel auf eine halbe oder ganze Stunde. Als Kunde müssen Sie also eine Parkscheibe auslegen. Oder Sie müssen im Voraus ein Parkticket am Automaten ziehen, ohne dass später eine Schranke die Ausfahrt behindert. Ob Parkscheibe oder Parkticket: Eine Zeitüberschreitung kann dann richtig teuer werden. Denn recht schnell wird ein Mitarbeiter des Unternehmens tätig, das den Parkplatz »bewirtschaftet«.

Kassiert wird gleich auf dem Parkplatz

Bestenfalls klemmt er Ihnen eine Zahlungsaufforderung über 25 Euro unter die Windschutzscheibe – und ist auch rechtzeitig zur Stelle, um den Betrag in bar zu kassieren. Schlimmstenfalls lässt er Ihr Auto abschleppen. Für diese unaufgefordert erbrachte »Dienstleistung« werden dann unglaubliche Summen verlangt. Dazu ein

Beispiel aus München, das sogar vor Gericht landete: Ein Fahrer, der sogar noch während des Abschleppvorgangs zu seinem Auto zurückkam, sollte auf der Stelle 330 Euro zahlen. Das tat er nicht, und musste zusehen, wie sein Auto abgeschleppt wurde. Um es wiederzubekommen, sollte er eine Abschlepprechnung in Höhe von 635 Euro begleichen. Viel zu viel, dachte er und erhob Klage. Das Amtsgericht München reduzierte dann tatsächlich die verlangte Summe auf 315 Euro. Aber es stellte klar: Dieses Geld muss gezahlt werden. Und die Anwalts- und Gerichtskosten blieben damit zusätzlich zumindest teilweise an besagtem Autofahrer hängen.

Achten Sie unbedingt auf die Beschilderung

Daher aufgepasst bei der Einfahrt auf jeden beliebigen Parkplatz, sei es nun bei einem Supermarkt, Discounter oder Baumarkt: Prüfen Sie erst die Beschilderung, bevor Sie Ihr Auto abstellen, und halten Sie sich genau an die Regeln, die dort beschrieben sind. Sonst wird's teuer.

Nutzen Sie die Möglichkeit, Ihr Parkticket entwerten zu lassen

Übrigens sollten Sie in besagtem Supermarkt, Discounter oder Baumarkt dann auch daran denken, Ihren Parkschein oder Ihre Parkmünze entwerten zu lassen oder sich im Gegenzug für die Parkkosten eine Gutschrift auf Ihren Einkaufswert anrechnen zu lassen. Das ist bei vielen Ladengeschäften so Usus – und Sie sollten dann auch nicht vergessen, diese Vergünstigung zu nutzen.

BEZAHLEN

Zahlungsvorgänge bestimmen unser Leben. Ob mit Bargeld, per Karte oder per Zahlungsdienst: Keineswegs egal ist die Wahl der Zahlungsart und des Zahlungsmittels. Lesen Sie hier die wichtigsten Tipps rund um das Thema Bezahlen, die allesamt darauf abzielen, Ihnen teure Fallen zu ersparen – seien es nun psychologische Fallen oder Kostenfallen.

Bargeldzahlungen: Gut zur Disziplinierung

Zugegebenermaßen gibt es viel, was für eine geringe Bargeldhaltung und den gehäuften Einsatz von Karten spricht: Bei Verlust oder Diebstahl Ihres Portemonnaies können Sie Ihre Karte sperren, den Gebrauch des Bargeldes dagegen nicht verhindern. Außerdem ist die Kartenzahlung viel bequemer.

Wer allerdings dazu neigt, zu viel Geld auszugeben, der sollte sich die Zahlung mit Bargeld angewöhnen. So banal dieser Tipp klingen mag, so gut ist er im Hinblick auf die eigene Disziplinierung. Denn es ist psychologisch ein riesiger Unterschied, ob Sie als Käufer zahlreiche Scheine auf den Ladentisch blättern müssen, oder ob Sie einfach Ihr Kärtchen in ein Gerät stecken und die PIN eingeben. Bei einer Barzahlung merken Sie nachher sofort, was in Ihrem Geldbeutel fehlt. Bei einer Kartenzahlung dagegen sehen Sie erst später die Abbuchung auf Ihrem Kontoauszug oder in der Umsatzanzeige im Onlinebanking. Und da fehlt dann die direkte Rückkopplung ans Gehirn: Wenn ich es mit dem Konsumieren übertreibe, dann fehlt mir das Geld anschließend für Dinge, die wichtiger wären.

Doch auch aus Datenschutzgründen ist der Bargeldeinsatz durchaus eine Überlegung wert. Denn anhand Ihrer Kartenzahlungen ist es problemlos möglich, ein Bewegungsprofil von Ihnen zu erstellen. Auch lässt sich daran nachvollziehen, was Sie wo kaufen und in welchen Imbissbuden oder Lokalen Sie zum Essen gehen. Aus Gründen der Anonymität sind häufigere Barzahlungen also durchaus ratsam – gerade in Zeiten, da Politiker verstärkt über ein Bargeldverbot diskutieren. Denn auch das spielt eine Rolle: Mit dem Bargeld würde ein Stück unbewachter Freiheit verschwinden.

Und noch etwas: Nur das Bargeld hindert die Geldpolitiker und Banken noch daran, die unseligen Negativzinsen in noch viel größerem Stile einzuführen und damit alle Sparer zu enteignen. Denn auf dem Konto lässt sich jedes Vermögen durch Negativzinsen schrumpfen. Beim Bargeldvorrat zu Hause dagegen nicht. Aus diesem Grund kann ich die Vorliebe vieler Bürger in Deutschland fürs Bargeld sehr gut nachvollziehen.

Kreditkarte: Sparsamer Einsatz vermeidet Verschwendung

Brauchen Sie eine Kreditkarte? Viele Menschen können diese Frage wohl verneinen. Aber wer häufiger ein Hotel bucht oder ins Ausland reist, der kommt ohne nicht aus. Denn die Kreditkartendaten werden oft schon bei Buchung verlangt, und mit Kreditkarte stoßen Sie im Ausland nicht so schnell an Ihre Grenzen wie mit der Debitkarte (die auch manchmal Girocard genannt wird und früher EC-Karte hieß).

Trotzdem sollten Sie den Einsatz der Kreditkarte möglichst einschränken und lieber in bar oder wenigstens mit Debitkarte bezahlen. Denn auch hier droht eine psychologische Falle: Viele Kreditkarten buchen das verbrauchte Geld erst am Monatsende vom Konto ab. Das heißt: Wenn Sie nicht aktiv im Onlinebanking Ihre

Kreditkartenumsätze aufrufen, sehen Sie diese erst, wenn sie längst getätigt sind. Die Gefahr, mit Kreditkarte viel mehr Geld auszugeben als geplant, ist dadurch größer.

Hinzu kommt, dass der Gehaltseingang am Monatsanfang meist verhindert, dass Ihr Girokonto wirklich ins Minus gerät. So bemerken Sie gar nicht, in welchen Teufelskreis Sie durch den Kreditkarteneinsatz geraten: Sie haben womöglich mit Ihren Käufen in diesem Monat schon einen Teil der Einkünfte ausgegeben, die eigentlich für den nächsten Monat gedacht sind. Beschränken Sie sich daher bei Bezahlung mit der Kreditkarte auf die Fälle, in denen es nicht anders geht, und lassen Sie ansonsten die Kreditkarte unberührt im Portemonnaie stecken.

Neue Kreditkarte benötigt? Eine Goldkarte wäre hinausgeschmissenes Geld

Kreditkartenangebote gibt es wie Sand am Meer, und gleichgültig, ob Sie für eine neue Kreditkarte zu Ihrer Bank gehen oder sie bei einem anderen Anbieter in Auftrag geben: Statt dem günstigen oder manchmal sogar kostenfreien Basismodell wird Ihnen fast immer eine Goldene Kreditkarte angedreht. Die kostet allerdings gleich einen Aufpreis von 40, 60 oder auch 80 Euro im Jahr. Die zahlreichen Zusatzvorteile seien das wert, heißt es dann oft. Angepriesen wird vor allem der Versicherungsschutz, den Sie mit Ihrer Goldenen Kreditkarte erwerben. Inbegriffen ist häufig eine Reisegepäckversicherung, eine Auslandsreisekrankenversicherung, eine Reiserücktritts- und -abbruchversicherung. Aber Achtung: Maßgeblich ist bei diesen Policen das Kleingedruckte – und das begünstigt Sie als Karteninhaber nicht gerade.

Nachteil 1: Beschränkung des Versicherungsschutzes auf Karteneinsatz

Das erste große Aber gegen den Kreditkartenversicherungsschutz betrifft die versicherten Reisen. Denn häufig können Sie die Versicherung nur bei Reisen in Anspruch nehmen, die Sie auch wirklich mit der betreffenden Goldenen Kreditkarte bezahlt haben. Haben Sie stattdessen den Reisepreis per EC-Karte im Reisebüro gezahlt, ihn überwiesen oder ihn abbuchen lassen, dann leistet der Versicherer auch im Schadensfall nicht.

Nachteil 2: Subsidiärer Schutz schließt Leistung meistens aus

Außerdem sind Kreditkartenversicherungen typischerweise subsidiär, und das bedeutet: Sie springen nur dann ein, wenn der Schaden nicht anderweitig versichert ist oder Sie wegen des Schadens keinen Zahlungsanspruch an jemand anderen haben. Beispiel Reisegepäckversicherung: Dieser Schutz ist standardmäßig in jeder Hausratversicherung enthalten. Bei Gepäckverlust müssten Sie dann also erstmal Ihre Hausratversicherung in Anspruch nehmen, die Kreditkartenversicherung bräuchte nichts zu bezahlen. Aus diesem Grund können Sie getrost die günstigere Basisversion einer Kreditkarte nehmen – Sie verpassen dabei gar nichts, schon gar keine umfassenden Versicherungsleistungen.

Kreditkartenumsätze: Prüfen Sie alle Abbuchungen zeitnah

Ob Sie Ihre Kreditkarte nun häufiger einsetzen oder eher selten – um eine Aufgabe kommen Sie nicht herum: die regelmäßige Prüfung

Ihrer Umsätze. Schauen Sie sich also regelmäßig Ihre Kreditkartenabrechnungen an, auch wenn Ihnen diese vielleicht gar nicht mehr per Post zugestellt werden, sondern ins Onlinearchiv im Login-Bereich Ihrer Bank oder Ihres sonstigen Anbieters eingestellt werden.

Denn mit gestohlenen Kreditkartendaten wird viel Schindluder getrieben. So manche Hotelübernachtung und manchen Einkauf gönnen sich Betrüger mit fremden Karten, auch wenn die Zweite Zahlungsdiensterichtlinie und die Absicherung von Onlinekreditkarteneinsätzen durch spezielle Sicherungssysteme es den Betrügern heute schwerer machen.

Betrügerische Kreditkartenumsätze habe ich übrigens selbst schon erlebt: Auf meiner Abrechnung waren plötzlich etwa 175 Euro für die Übernachtung in einem brasilianischen Ibis-Hotel abgebucht und weitere 200 Euro für den Einkauf bei einem südfranzösischen Händler für Unterhaltungselektronik.

Reklamieren Sie sofort

Je schneller Sie beim Kartenanbieter reklamieren, desto besser – auch wenn es bei Kartenmissbrauch keine festen Fristen gibt. Die dazu nötige Rufnummer finden Sie auf jeder Kreditkartenabrechnung. Sie erhalten dann ein Formular, in das Sie die unrechtmäßigen Umsätze eintragen. Mit Ihrer Unterschrift bestätigen Sie, diese nicht selbst autorisiert zu haben. Manchmal schickt Ihnen der Kartenanbieter noch nähere Informationen des abbuchenden Dienstleisters oder Händlers, zu denen Sie dann abermals die Rückmeldung geben müssen, dass Sie die Kartenumsätze nicht selbst veranlasst haben. Dann wird das Geld aber in aller Regel problemlos zurückgebucht.

Vorsicht vor bestimmten Kreditkartenvarianten:: Sie führen schnurstracks in die Schuldenfalle

Manche Schnäppchenjäger wechseln bei Kreditkarten gerne von Zeit zu Zeit den Anbieter, um in den Genuss einer möglichst günstigen und im Idealfall sogar kostenfreien Karte zu kommen. Aber Vorsicht: Eine kaum bekannte Kostenfalle steckt nicht etwa in den jährlichen Gebühren, sondern in den gar nicht so selten angebotenen Kreditkarten mit Teilzahlungsfunktion (Revolving Credit Cards) oder in Kreditkarten ohne automatischen Lastschrifteinzug.

»Charge Card«: So funktioniert eine Kreditkarte idealerweise

Bei uns in Deutschland sind vorwiegend Kreditkarten üblich und verbreitet, bei denen sämtliche Kartenumsätze am Monatsende vom Referenzkonto, in der Regel also vom Girokonto des Karteninhabers, abgebucht werden. Solche so genannten Charge Cards sammeln nicht die Schulden über mehrere Monate hinweg an, sondern sehen eine zeitnahe Tilgung vor. Außerdem zahlen Sie als Karteninhaber durch den rechtzeitigen Ausgleich Ihres Kreditkartenkontos üblicherweise auch keine Sollzinsen, die Gebühren übernimmt bei jedem Karteneinsatz der Händler. Diese Variante ist die einzig empfehlenswerte unter den Kreditkarten. Vor den folgenden beiden Varianten sollten Sie sich dagegen hüten.

Nicht empfehlenswert: Karten, deren Minus Sie am Monatsende selbst ausgleichen müssen

Bei manchen Kreditkarten, auch bei Charge Cards, ist eine automatische Abbuchung der Kartenumsätze vom Girokonto nicht möglich. Dann müssen Sie selbst daran denken, die Summe der Umsätze rechtzeitig zum Monatsende auf Ihr Kartenkonto zu überweisen, damit dieses wieder ausgeglichen ist. Ansonsten zahlen Sie Sollzinsen für Ihre Schulden – und diese können durchaus zweistellig sein und damit viel Geld kosten.

Noch schlimmer: Kreditkarten mit Teilzahlungsfunktion

Noch weniger transparent sind Kreditkarten mit Teilzahlungsfunktion, die im angelsächsischen Raum weit verbreitet sind und auch hierzulande immer mehr im Kommen sind. Solche »Revolving Credit Cards« haben es in sich. Bei diesem Kartentyp werden Sie am Monatsende aufgefordert, lediglich die Zinsen und einen sehr kleinen Anteil der aufgelaufenen Schulden zu begleichen, zum Beispiel 2 bis 3 Prozent des Sollbetrags. Der Rest bleibt als Schuld einfach stehen. Die Teilzahlung dient lediglich dazu, die Sollzinsen gleich zu bezahlen und dem Kartenanbieter zu beweisen, dass Sie als Karteninhaber noch solvent sind. Nur wenn Sie bezahlen, wird er Ihnen der Gebrauch der Karte weiterhin ermöglichen. Das heißt aber automatisch: Ihr Schuldenberg wird immer höher, weil nur der geringste Teil mit der verlangten Teilzahlung getilgt wird. Der Kartenanbieter verdient blendend an der unbeglichenen Schuld, weil er dafür ja laufend Zinszahlungen erhält. Die Kreditkartenunternehmen verlangen hier oft horrende Zinsen, die nicht selten zwischen 20 und 30 Prozent pro Jahr liegen.

Finger weg

Wenn es eine Kreditkarte nicht als Charge Card, also als Karte mit monatlicher Abbuchung der Umsätze gibt, und wenn diese Abbuchung nicht automatisch erfolgt, lassen Sie die Finger davon! Das kann direkt in die Verschuldungsfalle führen – zumindest aber zahlen Sie hier beträchtliche Summen als Sollzinsen. Da nützt es dann auch wenig, wenn der Anbieter keine Jahresgebühren für die jeweilige Karte erhebt.

Ob Debitcard oder Kreditkarte: Lassen Sie sie beim Bezahlen nicht aus den Augen

Aufgepasst, wenn Sie etwa in einem Restaurant oder einer Bar mit Karte zahlen wollen. Bestehen Sie darauf, dass der Kellner den Bezahlterminal, also das kleine Gerät zum Einstecken oder Auflegen der Karte, an den Tisch holt oder dass Sie bei kabelgebundenen Terminals mit an die Kasse kommen. Denn die Gefahr eines Missbrauchs ist groß, wenn Sie die Karte aus den Augen verlieren. Das zeigt ein Fall, der vor dem Amtsgericht Frankfurt verhandelt wurde.

Ein Mann wollte in einem Lokal der Hamburger Reeperbahn seine Rechnung mit Kreditkarte zahlen. Nachdem er seine PIN verdeckt eingegeben hatte, verschwand die Angestellte minutenlang mitsamt Karte und Lesegerät. Als sie zurückkam, gab sie vor, die Transaktion sei abgebrochen worden. Der Gast wiederholte daraufhin den Bezahlvorgang mit einer zweiten Karte und gab auch hier seine PIN ein. Später stellte sich heraus: Mit beiden Karten waren in der betreffenden Nacht an einem Geldautomaten in der Nähe jeweils 1000 Euro abgehoben worden. Die Bank weigerte sich, für den Schaden aufzukommen, und das Amtsgericht Frankfurt gab ihr Recht (Urteil vom 06.08.2019, Az. 30 C 4153/18). Dieses Verhalten sei grob fahrlässig gewesen. Der Mann hätte die Karten nicht aus dem Sichtfeld lassen und nicht zweimal gutgläubig die PIN eingeben dürfen.

Bei Transaktionsabbruch unbedingt Belege verlangen

Um Kartenärger von vornherein zu vermeiden, behalten Sie die Karte beim Bezahlen also stets im Blick. Lassen Sie sich außerdem bei Abbruch einer Transaktion, sprich einer fehlgeschlagenen Kartenzahlung, unbedingt die entsprechenden Belege aushändigen. So merken Sie am schnellsten, ob der Abbruch nur vorgeschoben wurde oder wirklich passiert ist. Falls man Ihnen keinen Abbruchbeleg gibt, aber felsenfest behauptet, die Transaktion sei nicht durchgeführt worden, hilft nur eines: Rufen Sie die Polizei!

Einzugsermächtigung: Erteilen Sie diese sparsam

Nicht alle Zahlungen sind eine einmalige Angelegenheit; vieles wiederholt sich. Ob Miete, Stromabschläge oder Versicherungsprämien: Eine Lastschrift ist da bequem, erspart sie es Ihnen doch, ständig an die fälligen Überweisungen denken zu müssen. Bei Ausgaben, die ohnehin anfallen, ist auch nichts gegen eine Lastschrift einzuwenden. Sehr wohl aber sollten Sie darüber nachdenken, bei welchen freiwillig bezogenen Dauerleistungen Sie mit einer Lastschrift glücklich werden.

Es fehlt die laufende Kontrolle: Brauche ich diese Leistung noch?

Der Nachteil liegt auf der Hand und ist wieder einmal psychologischer Art: Da das Geld einfach abgebucht wird, brauchen Sie bei Zeitschriften-Abos, Onlinemitgliedschaften (Xing, StayFriends, LinkedIn etc.), E-Mail-Premium-Services und Internet-Domains nicht darüber nachzudenken, ob Sie diese noch nutzen oder weiterhin brauchen. Ein weiterer Nachteil kommt vor allem bei kostenpflichtigen Onlineleistungen hinzu: Sie erhalten Ihre Rechnungen nicht per Post und oft auch nicht per E-Mail, sondern Sie müssen diese eigenständig nach dem Login in Ihrem Account abrufen. Und wer tut das schon regelmäßig?

Lassen Sie sich die Rechnung per Post oder E-Mail zusenden

Sich die Rechnungen für Abos und Premiummitgliedschaften regelmäßig zuschicken zu lassen und dem Absender keine Einzugsermächtigung zu erteilen, ist sinnvoll. Denn damit behalten Sie Ihre Ausgaben im Griff. Sie müssen selbst aktiv werden, um das Geld zu überweisen. Dabei prüfen Sie automatisch, ob Sie die bezogene Leistung wirklich noch benötigen. Außerdem fällt das Kündigen leichter, denn Sie finden Ihre Kundennummer und die Adresse des Anbieters auf Anhieb auf der Rechnung, ohne lange suchen oder recherchieren zu müssen. Der Verwendungszweck der Lastschriftabbuchung ist dagegen meist nicht so aussagekräftig, dass Sie die darin verborgene Kunden- oder Mitgliedsnummer auf Anhieb identifizieren könnten.

Unberechtigt ausgeführte Lastschriften: So machen Sie sie rückgängig

Bei SEPA-Lastschriften bucht der Händler die fällige Zahlung mit Ihrem Einverständnis direkt von Ihrem Girokonto ab. Das Einverständnis geben Sie entweder mit einer Einzugsermächtigung oder bei manchen Händlern auch mit Debitkarte und Unterschrift. Bei Zahlung mit PIN allerdings liegt keine klassische Lastschrift vor, und die Ausführungen im Folgenden gelten nicht.

Dringende Empfehlung: Prüfen Sie zeitnah Ihre Kontoauszüge

Prüfen Sie Ihre jüngsten Kontoauszüge regelmäßig danach, ob nicht unberechtigterweise irgendwelche Beträge per Lastschrift von Ihrem Konto abgebucht wurden. Es gibt durchaus unseriöse Unternehmen, die trotz fehlender Einzugsermächtigung Abbuchungen vornehmen. In der Vergangenheit waren das beispielsweise irgendwelche dubiosen Gewinnspielanbieter, die so taten, als hätten Verbraucher einen Vertrag mit ihnen abgeschlossen.

Es kann aber auch passieren, dass dem Abbucher eine Einzugsermächtigung durchaus vorliegt und er einfach einen Fehler gemacht hat. Ein solcher Fehler wäre beispielsweise die zweimalige Abbuchung einer fälligen Zahlung oder die versehentliche Abbuchung des falschen Betrags.

Sie haben acht Wochen Zeit für eine Rückbuchung

Eine Lastschrift zurückzuholen, ist einfach: Sie haben acht Wochen Zeit, zur Bank zu gehen und eine Rückbuchung zu verlangen. Manchmal können Sie diese Rückbuchung auch im Onlinebanking mit wenigen Klicks und der Eingabe einer TAN veranlassen. Einen Grund dafür, warum Sie Ihr Geld zurückhaben wollen, brauchen Sie nicht anzugeben.

Bei widerrechtlichen Abbuchungen ist die Rückholfrist sogar deutlich länger: Bis zu 13 Monate lang haben Sie dafür Zeit. Hier allerdings müssen Sie die Bank persönlich kontaktieren, per Onlinebanking lässt sich die Lastschrift nach Ablauf der Acht-Wochen-Frist nicht mehr rückgängig machen. Außerdem wird die Bank hier in aller Regel auf der Nennung eines Grundes für die Rückbuchung bestehen.

Die Rückbuchung ist kostenfrei

Beachten Sie: Die Bank darf weder von Ihnen noch vom Abbucher ein Entgelt dafür verlangen, dass sie die Lastschrift auf Ihren Wunsch hin rückgängig macht.

Wichtig: Die Bank nimmt keine Rücksicht auf die Rechtslage

Sollte doch ein Zahlungsanspruch bestehen, ist es Sache des Händlers, seinen Anspruch gegen Sie geltend zu machen. Falls Sie eine Lastschrift also trotz bestehendem Zahlungsanspruch rückgängig gemacht haben, wird es meist teuer: Der Händler kann dann Mahnkosten, Verzugszinsen und gegebenenfalls sogar Anwalts- und Gerichtskosten von Ihnen fordern, wenn er seinen Anspruch beweisen kann.

Bei Fehlern kontaktieren Sie den Abbucher besser direkt

Die Rückbuchung über die Bank mag für Sie zwar schnell und bequem sein. Aber den Abbucher kann dies verwirren – zumindest dann, wenn Sie ihm eine Einzugsermächtigung erteilt haben. Denn er wird zunächst davon ausgehen, dass die Lastschrift berechtigt war. Außerdem hat er den Zahlungseingang womöglich schon in seinem Rechnungswesen gebucht.

Deshalb empfiehlt es sich bei Abbuchungen, die irrtümlich erfolgt sind oder bei denen der abgebuchte Betrag nicht stimmt, den Abbucher direkt zu kontaktieren. Sie möchten ja nicht unnötig die Geschäftsbeziehung belasten. Die betreffende Person wird Ihnen dann sagen, was ihr lieber ist: dass Sie die Rückbuchung der Lastschrift bei der Bank verursachen oder dass sie Ihnen den Betrag zurücküberweist. Durch die Rücksprache können Sie außerdem sicherstellen, dass der gleiche Fehler nicht noch einmal passiert.

Eisernes Gesetz: Bewahren Sie PIN und Karte niemals gemeinsam auf

Die Rückholung einer Zahlung mit Debitkarte ist ganz einfach, wenn sie per Unterschrift autorisiert wurde. Dann gelten dafür die Regeln der SEPA-Lastschrift – siehe oben. Anders sieht es aber aus, wenn Sie zur Kartenzahlung eine PIN eingegeben haben.

Zahlt ein Dieb mit Ihrer Karte und PIN, haben Sie als Bestohlener ein Problem

Eine Unterschrift lässt sich mehr oder weniger leicht fälschen – und nicht jeder Händler prüft akribisch genau, ob sie mit der Unterschrift auf der Karte übereinstimmt. Eine PIN jedoch auf Anhieb richtig zu erraten, ist praktisch ausgeschlossen.

Und das bedeutet für Sie: Wird Geld aufgrund einer Kartenzahlung mit PIN-Eingabe widerrechtlich abgebucht, dann kann die Bank dem Karteninhaber meistens grobe Fahrlässigkeit vorwerfen. Das gilt zumindest in Fällen, in denen Gauner die PIN nicht systematisch durch eine Manipulation des Geldautomaten abfangen: Das fällt in der Regel schnell auf und dann kann die Bank nicht kneifen, wenn es darum geht, betrügerische Kartenumsätze auf eigene Kosten zu ersetzen.

Wappnen Sie sich gegen Kartenverlust oder -diebstahl

Sollten die Diebe hier zeitnah die Karte mit PIN einsetzen, werten die Gerichte dies als Zeichen dafür, dass der Bankkunde grob fahrlässig gehandelt und beides zusammen aufbewahrt hat. Man spricht hier vom Beweis des ersten Anscheins. Denn hier liegt der Verdacht nahe, dass die PIN auf der Karte vermerkt wurde oder zumindest im gleichen Geldbeutel oder in der gleichen Hand- oder Aktentasche aufbewahrt wurde. Das entschied der Bundesgerichtshof schon vor Jahren (05.10.2004, Az. XI ZR 210/03) und daran hat sich bis heute nichts geändert.

Daher der dringende Rat: Idealerweise lernen Sie Ihre PIN auswendig und heben auch die Information darüber nirgends auf. Wenn Sie Ihrem Gedächtnis nicht genug vertrauen, dann sollten

Sie zumindest die PIN weit weg von der Girocard oder Kreditkarte verwahren und nicht gerade mitnehmen, wenn Sie das Haus verlassen.

Karten-Sperr-Notruf 116116: Halten Sie die nötigen Daten bereit

Geht eine Kreditkarte oder Debitkarte verloren oder wird sie gestohlen, dann fackeln Sie nicht lange. Lassen Sie sie sperren, denn ab dem Zeitpunkt Ihres Anrufs sind Sie aus der Haftung für missbräuchliche Kartenumsätze heraus. Ihr Kartenanbieter oder Kreditinstitut muss Umsätze ab diesem Zeitpunkt dann zurückbuchen (von den vorher entstandenen Schäden übernimmt er maximal 100 Euro). Die Kartensperrung können Sie rund um die Uhr telefonisch veranlassen. Die dafür nötige Rufnummer lautet dazu ganz einfach:

- aus Deutschland: 116116
- aus dem Ausland: +49 116116 (einfach die Ländervorwahl für Deutschland vorschalten) oder alternativ, wenn diese Nummer nicht funktioniert, wählen Sie die Nummer:
  +49 30 40504050

Sie brauchen zur Sperrung folgende Daten:

- bei Kreditkarten die Kartennummer und das Ablaufdatum
- bei Debitkarten die Bankleitzahl und Kontonummer beziehungsweise BIC und IBAN des zur Karte gehörigen Girokontos

Wichtig: Diese Daten müssen Sie parat haben, sonst funktioniert die Sperrung nicht. Sie können sich im Internet (www.sperr-notruf.de) ein kleines Formular herunterladen, ausfüllen und ausdrucken. Nehmen Sie dieses Formular, das nicht größer als eine Scheckkarte ist, mit, wenn Sie beim Einkaufen unterwegs sind, und bewahren Sie es außerhalb Ihres Portemonnaies beispielsweise in Ihrer Hand- oder Aktentasche auf, damit es bei Diebstahl nicht ebenfalls verloren geht.

Bequeme Alternative: Kartensperrung Smartphone-App

Sie können die Kartensperrung auch durch eine App vornehmen. Die betreffende App heißt »SperrApp 116116«. Es gibt sie kostenfrei im AppStore von Apple und Google Play. Dort können Sie sämtliche benötigten Daten vorab eintragen und die Sperrung dann im Notfall unverzüglich veranlassen. Voraussetzung dafür ist allerdings eine Internet- oder Mobilfunkverbindung.

Diebstahl der Debitkarte: Erstatten Sie nach der Kartensperrung sofort Anzeige

Man könnte ja meinen, mit der Kartensperrung über den Sperr-Notruf wäre nach einem Kartenverlust alles Wichtige erledigt. Aber das ist nicht der Fall. Denn ein Dieb oder unehrlicher Finder könnte immer noch mit der Karte auf Einkaufstour gehen. Denn zumindest die Zahlungsweise mit der Unterschrift funktioniert auch nach der

Kartensperrung üblicherweise noch – und eine Unterschrift ist wie gesagt leicht gefälscht, zumal das Kassenpersonal nicht bei jedem Bezahlvorgang akribisch überprüft, ob die tatsächlich geleistete Unterschrift derjenigen auf der Karte gleicht. Sie müssen also nach einem Kartenverlust in einem zweiten Schritt dafür sorgen, dass kein Händler mehr Ihre Debitkarte für die Zahlung mit Unterschrift akzeptiert – und das geht nur, indem Sie Anzeige bei der Polizei erstatten.

Polizei sperrt Karte im KUNO-System

Es gibt eine spezielle Datenbank namens KUNO. Die Abkürzung bedeutet: »Kriminalitätsbekämpfung im unbaren Zahlungsverkehr unter Nutzung nichtpolizeilicher Organisationsstrukturen«, was zugegebenermaßen nicht gerade sehr leicht zu merken ist. KUNO ist aber, ganz popelig gesagt, ein System, das von der Polizei mit den Daten gestohlener Karten gespeist wird und mit dem die Händler die Daten der Karten abgleichen, die ihnen zur Zahlung vorgelegt werden. Ist Ihre gestohlene oder verlorene Debitkarte im KUNO-System vermerkt, dann erfährt der Händler rechtzeitig: Die betreffende Karte ist als gestohlen gemeldet worden. Der Dieb oder unehrliche Finder kann sie auch mit Unterschrift nicht zum Bezahlen einsetzen.

Skonto lohnt sich: Selbst bei Kontoüberziehung

Sie erhalten von einem Händler oder Handwerker eine Rechnung, auf der eine Skontoklausel steht. Zum Beispiel diese: »Zahlung innerhalb eines Monats bar netto oder innerhalb von 14 Tagen mit

3 Prozent Skonto.« Der Ausdruck »bar netto« bedeutet: »Zahlung des vollen Rechnungsbetrags«.

Wenn Ihr Konto nicht gerade gut gefüllt ist, dann werden Sie vermutlich ins Grübeln kommen. Denn bei einem Rechnungsbetrag von 1000 Euro macht der Skontoabzug immerhin 30 Euro aus. Bei dieser Ersparnis lohnt sich die frühe Zahlung. Nun stellt sich die Frage, ob das Geld rechtzeitig beim Empfänger sein muss, oder ob es genügt, die Überweisung pünktlich in Auftrag gegeben zu haben. Hier haben die Gerichte längst entschieden: Es reicht, wenn Sie die Zahlung rechtzeitig, also spätestens am letzten Tag der Skontofrist, in Auftrag gegeben haben.

Was aber, wenn Sie mit Ihrem Girokonto ins Minus geraten würden, indem Sie die Skontofist einhalten? Dann müssten Sie ja Sollzinsen für die Überziehung zahlen – und das wäre teurer, oder nicht? Diese Schlussfolgerung liegt zwar nahe, ist aber falsch.

Letztlich ist eine Skontoregelung nichts anderes als ein Lieferantenkredit. Und der ist meistens teurer als der Dispokredit einer Bank, wie die folgende Rechnung zeigt:

Der Rechnungsbetrag beläuft sich, wie oben erwähnt, auf 1000 Euro, der Skontoabzug auf 3 Prozent, sprich 30 Euro. Man könnte das Ganze auch so sehen: Der eigentliche Rechnungsbetrag beträgt 970 Euro (= 1000 Euro minus 30 Euro). Der Händler ist bereit, Ihnen das Geld noch für weitere zwei Wochen zu leihen, verlangt dafür aber einen Zinsbetrag von 30 Euro. 30 Euro sind bezogen auf 970 Euro rund 3,1 Prozent. Das ist wohlgemerkt nicht der Jahreszins, sondern der Zinssatz, der sich auf die Zwei-Wochen-Frist bezieht. Korrekterweise müssen Sie diesen mal 26 nehmen, um den Jahreszins zu erhalten, und dann landen Sie bei rund 81 Prozent p. a.

Verglichen mit dem Dispozins von derzeit rund 12 Prozent ist das ein wahrer Wucherzins. Deshalb lohnt sich die Inanspruchnahme des angebotenen Skontorabatts auch dann, wenn Sie durch die schnelle Zahlung mit Ihrem Girokonto ins Minus kommen. Es gibt allerdings eine Ausnahme – und diese finden Sie im folgenden Kasten.

Wann Sie Ihr Konto zur Fristwahrung besser nicht überziehen

Wer bei der Bank Zweifel an seiner Bonität, sprich Zahlungsfähigkeit, geweckt hat, sollte auf die Überziehung für den Skontoabzug verzichten. Denn hier ist es wichtiger, das Vertrauen des Kreditinstituts in die eigene Zuverlässigkeit nicht weiter zu erschüttern.

STEUERN

Steuern sparen gehört angeblich zu den Lieblingsbeschäftigungen der Deutschen – die Steuererklärung zu machen hingegen nicht. Trotzdem ist diese in den meisten Fällen die Voraussetzung für eine – meist üppige – Steuererstattung. Zwischen 800 und 1000 Euro Steuererstattung winken im Durchschnitt. Das bedeutet: Es lohnt sich, sich an die ungeliebte Tätigkeit zu setzen. Sehen Sie es doch einfach so: Das ist die bestbezahlte Arbeit, die Sie je hatten. Selbst wenn Sie einen ganzen Acht-Stunden-Tag dafür bräuchten, läge Ihr Stundensatz immer noch bei über 100 Euro pro Stunde – wohlgemerkt netto und nicht brutto, weil auf eine Steuererstattung logischerweise weder Steuern noch Sozialabgaben anfallen.

In diesem Abschnitt finden Sie nun zunächst Tipps, worauf es bei der Steuerklassenwahl ankommt, wo Sie bezahlbare Hilfe bei der Erstellung Ihrer Steuererklärung finden und wie Sie das Bürokratiemonster zähmen. Außerdem erfahren Sie, mit welchen Posten Sie am meisten Steuern sparen. Sie erhalten auch ein paar Empfehlungen zu absetzbaren Ausgaben und zur Frage, ob und wie Sie diese nachweisen (müssen). Los geht's.

Steuerklassenwahl: Nicht so wichtig, wie viele denken

»Ach Du liebe Güte, welche Steuerklasse soll ich denn nehmen?« Darüber grübeln viele. Sie unterliegen damit dem Irrglauben, die Wahl der Steuerklasse würde über die absolute Höhe der Einkommensteuer entscheiden. Das stimmt aber gar nicht und daher können Sie diesen gedanklichen Ballast gleich abwerfen. Die Wahl der Steuerklasse entscheidet lediglich über den Lohnsteuerabzug beim

Arbeitgeber, nicht aber über die Gesamthöhe der Einkommensteuer. Was ist der Unterschied?

- Die **Lohnsteuer** ist das, was der Arbeitgeber gleich von Ihrem Bruttogehalt einbehält. Es ist eine Art grob ermittelte Pauschale, mit der Ihre Steuerschuld fürs jeweilige Kalenderjahr schon mal laufend getilgt wird. Die Wahl Ihrer Steuerklasse entscheidet nur darüber, was monatlich an Steuern ans Finanzamt abgeführt wird und was folglich nach Abzug der Sozialabgaben als Nettogehalt auf Ihrem Konto landet.
- Die **Einkommensteuer** ist die Steuerbelastung, die unterm Strich herauskommt, wenn nicht nur die Freibeträge berücksichtigt werden, sondern alles, was steuerrelevant ist. Die genaue Höhe der Einkommensteuer lässt sich erst ermitteln, wenn Sie die Steuererklärung abgegeben haben. Ihr Ehrgeiz besteht natürlich darin, dem Fiskus alles zu liefern, was absetzbar ist und damit Ihre Steuerlast mindert.

Letztlich kommt es auf die Einkommensteuer an

Das bedeutet: Mit der Lohnsteuer wird nur ungefähr und pauschaliert das abgezogen, was der Staat an Steuern von Ihrem Arbeitsgehalt haben will. Die Steuerklasse entscheidet lediglich darüber, welche Steuerfreibeträge (Grundfreibetrag, Kinderfreibetrag), welche Werbungskosten (z. B. Werbungskostenpauschale für Arbeitnehmer) und welche sonstigen Pauschalen (z. B. für Vorsorgeaufwendungen) gleich beim Lohnsteuerabzug berücksichtigt werden.

Die Einkommensteuer dagegen ergibt sich aus der genauen Ermittlung der Steuerlast, wenn Sie erst Ihre Steuererklärung abgegeben und dabei dem Finanzamt alle Einkünfte und absetzbaren

Ausgaben mitgeteilt haben. Tatsache ist: Meistens wird durch den Arbeitgeber vorab mehr abgezogen, als tatsächlich fällig wäre. Deshalb führt die Mehrzahl der Einkommensteuererklärungen im Endeffekt zu einer Steuererstattung.

Sie können kaum etwas falsch machen

Jetzt wissen Sie: Mit der Wahl der Steuerklasse können Sie kaum etwas falsch machen, auch wenn Sie – gerade als Ehepaar – mehrere Möglichkeiten haben. Sie zahlen aber nicht mehr oder weniger Steuern durch die Steuerklassenwahl. Nach Abgabe der Steuererklärung und Errechnung der wahren Einkommensteuerlast gleichen sich die Unterschiede wieder aus.

Oder anders ausgedrückt: Angenommen, Sie wählen die denkbar ungünstigste Steuerklassenkombination. Na und? Dann ist Ihr Nettogehalt unterm Strich eben etwas niedriger. Aber das können Sie sich durch die Steuererklärung wieder hereinholen – denn zu viel gezahlte Steuern erstattet das Finanzamt nach deren Abgabe und Bearbeitung. Unterm Strich sind Sie danach genau gleich gestellt, als wenn Sie von Anfang an die bestmögliche Steuerklasse (oder Steuerklassenkombination bei Ehepaaren) gewählt hätten.

Kinder (oder Arbeitslosigkeit) in Sicht? Nur dann ist die Steuerklasse entscheidend

Nur in zwei Fällen entscheidet die Wahl der Steuerklasse wirklich darüber, ob Sie unterm Strich mehr oder weniger bekommen. Das ist zum einen beim Bezug von Elterngeld und zum anderen beim Bezug von Arbeitslosengeld. Eltern- und Arbeitslosengeld bemessen sich in ihrer Höhe nach dem Nettogehalt, also dem Gehalt abzüglich der Lohnsteuer (und Sozialabgaben). Wenn also eine Schwangerschaft geplant ist oder sich eine Phase der Arbeitslosigkeit ankündigt (etwa durch Gerüchte einer Werksschließung oder einer drohenden Insolvenz des Arbeitgebers), dann sollte der betreffende Ehepartner in die Steuerklasse mit den geringsten Abzügen wechseln, und das ist Steuerklasse 3. Entsprechend höher fällt dann das Arbeitslosen- oder Elterngeld aus.

So wechseln Sie die Steuerklasse

Die Steuerklasse können Sie durch einen schriftlichen Antrag beim Finanzamt wechseln, den beide Ehepartner unterschreiben müssen. Ein Wechsel ist allerdings nur einmal pro Jahr möglich. Wirksam wird der Steuerklassenwechsel direkt im Monat nach der Antragstellung. Das Formular finden Sie auch auf der folgenden Internetseite der Bundesfinanzverwaltung unter www.formulare-bfinv.de → Formularcenter → Steuerformulare → Lohnsteuer (Arbeitnehmer) → Antrag auf Steuerklassenwechsel bei Ehegatten.

Ehefrauen aufgepasst: Die Steuererstattung haben bei traditionellen Verhältnissen meist Sie verdient

Bei den Steuerklassen haben vor allem Ehepaare eine echte Wahl. Diese Wahl allerdings kann bei einer traditionellen Rollenverteilung, bei der die Ehefrau der Kinder wegen beruflich zurücksteckt, für extreme Ungerechtigkeit sorgen. Betroffene Frauen kann ich nur ermutigen, diesen Zustand zu beenden. Die Ungerechtigkeit ergibt sich aus der Wahl der Steuerklassenkombination. Für verheiratete Paare möglich sind folgende Kombinationen:

- **Sie können die Kombination IV/IV wählen**, was sich bei ungefähr gleichem Einkommen beider Ehepartner empfiehlt (maximal 10 Prozent Unterschied). Beide Ehepartner haben die Steuerklasse IV. Das führt zu etwa gleichen Lohnsteuerabzügen bei beiden.
- **Sie können die Kombination IV/IV mit Faktorverfahren wählen**, was ratsam ist bei einem Einkommensunterschied beider Ehepartner zwischen 10 und 20 Prozent. Das führt zu prozentual etwa gleichen Abzügen bei beiden Ehepartnern: Jeder wird mit so viel mit Lohnsteuer belastet, wie er prozentual zum Gesamteinkommen beider Partner beiträgt. Die Steuererstattungen sind nach Abgabe der Steuererklärung bei diesem Verfahren aber erfahrungsgemäß nicht sehr hoch (die Nachzahlungen allerdings auch nicht).
- **Sie können die Kombination III/V wählen**, was bei noch größeren Einkommensunterschieden beider Ehepartner häufig empfohlen wird, aber nicht unproblematisch ist. Nehmen wir den traditionellen Fall: Der Ehemann verdient viel, die Ehefrau geht wegen der Kinder nur in Teilzeit arbeiten und verdient deutlich weniger. Der Ehemann wählt dann Steuerklasse III und bekommt den doppelten Grundfreibetrag und den vollen Kinderfreibetrag in seine Lohnsteuerkarte eingetragen. Auch die Versorgungspauschale beider Partner steht bei ihm in der Lohnsteuerkarte. Die Ehefrau in Steuerklasse V profitiert nicht von diesen Freibeträgen. Weil höhere Einkommen ohne Abzüge mit höheren Steuersätzen versehen werden (das nennt man Steuerprogression) und weil der Ehemann die

ganzen Steuerfreibeträge beansprucht, sichert *ihm* das eine deutlich höhere Lohnsteuerersparnis als *ihr*. Das heißt, er hat bei dieser Kombination ein sehr hohes, sie aber ein sehr kleines Nettoeinkommen.

Bei dieser letzten Steuerklassenkombination III/V sollten Sie auf der Hut sein. Denn sie benachteiligt die Ehefrau in gleich zweifacher Weise.

»Die Arbeit der Frau lohnt sich kaum!« – Diese Schlussfolgerung ist falsch!

Die Steuerklassenkombination III/V ist ein uralter Zopf und ich kann offen gestanden nicht verstehen, warum die Regierung ihn nicht schon längst abgeschnitten hat. Sieht es doch, wenn man die reinen Nettoeinkommen betrachtet, danach aus, als würde sich die Arbeit der Frau kaum lohnen. Schließlich verdient sie netto wirklich nur vergleichsweise lächerliche Summen. Das niedrige Nettoeinkommen kommt allerdings nur zustande, weil sie beim Lohnsteuerabzug auf die Freibeträge verzichtet, die ihr eigentlich zustünden (der volle Grundfreibetrag und die hälftigen Kinderfreibeträge). Bei der späteren Steuererklärung oder im Steuerbescheid werden bei Zusammenveranlagung einfach beide Eheleute in einen Topf geworfen, und niemand hält mehr nach, wer zu welchem Anteil für die bisherigen Steuerzahlungen für das betreffende Kalenderjahr aufgekommen ist. Doch genau darin liegt bei traditionellen Paaren eine weitere Ungerechtigkeit.

Fast alle Lohnsteuerabzüge werden von ihrem Gehalt bestritten

Was die wenigsten Ehepaare wissen: Der größte Teil der Lohnsteuerabzüge entfallen auf *ihr* und nicht auf *sein* Arbeitseinkommen. Und das heißt: Die Steuererstattung, die das Finanzamt nach Abgabe der Steuererklärung für das betreffende Kalenderjahr an das jeweilige Ehepaar überweist, hat im wahrsten Sinne des Wortes hauptsächlich *sie* verdient – denn das Geld wurde vorwiegend von ihrem Bruttogehalt abgezogen und als Lohnsteuer ans Finanzamt überwiesen.

Bei getrennten Konten hilft in diesem Fall nur eines: Tragen Sie für die Steuererstattung das Konto der Ehefrau in den Mantelbogen Ihrer Steuererklärung ein. Oder überweisen Sie den Erstattungsbetrag vom Konto des Ehemannes auf das Konto der Ehefrau. Das gilt speziell für Paare, die sich gegenseitig nicht den uneingeschränkten Zugriff aufs Konto des jeweils anderen eingeräumt haben oder bei denen es häufiger mal Streit ums liebe Geld gibt (soll ja vorkommen ...).

Die Steuerklassenkombination IV/IV mit Faktor ist von vornherein gerechter

Eine durchaus ratsame Empfehlung für betroffene Ehepaare lautet schlichtweg: Verzichten Sie auch bei sehr unterschiedlichen Einkommen auf die Steuerklassenkombination III/V. Wählen Sie stattdessen die Kombination IV/IV mit Faktorverfahren. Das sichert auch der Ehefrau ein angemessenes Nettoeinkommen – und es geht insgesamt gerechter zu. Weil üblicherweise nach Abgabe der Steuererklärung keine nennenswerte Steuererstattung oder -nachzahlung zu erwarten ist, erübrigt sich auch die Frage danach, wem sie zusteht oder wer sie leisten muss.

Vorausgefüllte Steuererklärung: Bequem, aber unvollständig

Angenommen, Sie können sich gar nicht zur Abgabe einer Steuererklärung durchringen und es ist Ihnen ein Graus, Ihre Belege mit den notwendigen Daten überhaupt nur zusammenzusuchen. Für solche Fälle bietet die Finanzverwaltung seit dem Jahr 2014 die »vorausgefüllte Steuererklärung« an. Sie registrieren sich einmal beim elektronischen Steuerportal ELSTER (www.elster.de). Um allerdings die für spätere Logins nötige Zertifikatsdatei anzufordern, müssen Sie einen ziemlichen Aufwand betreiben. Hier darf sich das Bürokratiemonster noch mal nach Herzenslust austoben. Zudem müssen Sie dem Abruf der Bescheinigungen über Ihr Benutzerkonto zustimmen. Es kann ein paar Tage dauern, bis Sie sowohl die Zertifikatsdatei als auch den Zugriff auf Ihre Daten haben, die erst im Zuge des Registrierungsverfahrens vom Finanzamt in Ihren persönlichen Bereich eingestellt werden. Dann aber können Sie sich einloggen und jederzeit darauf zugreifen. Nach erfolgter Registrierung lässt sich die vorausgefüllte Steuererklärung jahrelang nutzen.

Hintergrund: Das Finanzamt hat bereits zahlreiche Daten von Ihnen

Nach dem Login sehen Sie, welche Daten das Finanzamt schon zu Ihrer Person gespeichert oder erhalten hat. Im Allgemeinen sind dies:

- Ihre Stammdaten (Name, Anschrift, Geburtsdatum, Steueridentifikationsnummer, Religionszugehörigkeit und Bankverbindung)

- die Lohnsteuerbescheinigung Ihres Arbeitgebers vom jeweiligen Kalenderjahr
- die Rentenbezugsmitteilung der gesetzlichen oder privaten Rentenversicherung oder aus anderen Altersvorsorgeverträgen
- die Bescheinigung über gezahlte und erstattete Kranken- und Pflegeversicherungsbeiträge
- Einzahlungen in die gesetzliche Rentenversicherung, in eine Riester- oder Rürup-Rente
- Bescheinigungen über erhaltenes Arbeitslosen-, Eltern- oder Krankengeld sowie gegebenenfalls andere Lohnersatzleistungen
- Beiträge für vermögenswirksame Leistungen (VL), die Sie dann brauchen, wenn Sie mit Ihrer Steuererklärung zusätzlich noch die Arbeitnehmer-Sparzulage beantragen wollen (dazu mehr im Kapitel »Geldanlage«)

Warum hat das Finanzamt diese Daten schon? Ganz einfach: Weil Arbeitgeber, Versorgungsträger, gesetzliche Rentenversicherung und auch private Rentenversicherer verpflichtet sind, die an Sie geleisteten Zahlungen und die einbehaltenen Steuer- und Sozialversicherungsabzüge elektronisch ans Finanzamt zu übermitteln. Die Zahlen liegen der Finanzverwaltung also ohnehin schon in elektronischer Form vor, und das erspart es Ihnen, sie selbst aufwendig zusammensuchen zu müssen.

Geplant ist künftig (wann auch immer das sein mag) eine Erweiterung dieser Daten um: Kirchensteuerzahlungen und -erstattungen, Zinsen auf Steuererstattungen, Spenden, Kapitalerträge sowie freigestellte Kapitalerträge (siehe Abschnitt Freistellungsauftrag weiter unten in diesem Kapitel). Auch ein eventuell vorhandener Behinderungsgrad soll künftig automatisch erfasst werden (er bringt steuerlich eine Erleichterung, etwa beim Pflegepauschbetrag).

Problem: Viele Daten zum Steuersparen hat das Finanzamt nicht

Wenn Sie nicht das Maximum an Steuerersparnis für sich herausholen wollen, dann können Sie die vorausgefüllte Steuererklärung problemlos für sich nutzen. Optimal ist das aber nicht. Denn dem Finanzamt fehlen vor allem diejenigen Daten, die Ihnen wirklich eine Steuerersparnis bringen.

Empfehlung: Nutzen Sie die vorausgefüllte Steuererklärung als bequeme Datensammlung

Das Bürokratiemonster »Erstellung der Steuererklärung« lässt sich mit der vorausgefüllten Steuererklärung zwar zähmen (vorausgesetzt, Sie haben den aufwendigen Registrierungsprozess erst geschafft). Aber wenn Ihnen daran gelegen ist, doch noch an der einen oder anderen Stelle absetzbare Kosten geltend zu machen und dadurch eine Steuerersparnis für sich herauszuholen, dann ist es besser, Sie verlassen sich nicht allein darauf. Meine Empfehlung: Nutzen Sie die bei ELSTER abrufbaren Daten als Quelle, die auch dann äußerst praktisch ist, wenn Sie einen Steuerberater oder Lohnsteuerhilfeverein beauftragen oder ein Steuerprogramm nutzen (siehe nächster Tipp). Zum Steuernsparen sollten Sie dann aber zusätzlich zumindest die wichtigsten absetzbaren Kosten selbst zusammenstellen. Posten, die sich richtig lohnen oder wahlweise beim Nachweis kaum Mühe machen, habe ich weiter hinten in diesem Kapitel für Sie zusammengestellt.

Bei den Werbungskosten beispielsweise wird ohne Nachweis der einzelnen Ausgaben nur die Werbungskostenpauschale in Höhe von 1000 Euro (bei Arbeitnehmern) oder 102 Euro (bei Rentnern und Pensionären) angesetzt, aber nicht mehr. Vielleicht haben Sie auch Sonderausgaben getätigt und wollen etwa Spenden oder Rechnungen über haushaltsnahe Handwerkerleistungen absetzen.

Ausfüllen der Steuererklärung: Hier bekommen sie kostengünstige Hilfe

Was für ein Graus! Der Blick auf die Formulare zur Einkommensteuer ermutigt nicht gerade dazu, sich jetzt sofort an die Steuererklärung zu setzen. Denn es sind unzählige, und sie sind vor allem eines: kompliziert. Wer sich also nicht dazu überwinden kann, diesen Mount Everest der Bürokratie allein zu bezwingen, der sollte sich Hilfe holen. Grundsätzlich möglich sind drei Optionen:

1. Sie schalten einen Steuerberater ein.
2. Sie werden Mitglied in einem Lohnsteuerhilfeverein.
3. Sie besorgen sich eine gute Steuersoftware.

Hier die Einzelheiten zu jeder Option – mit der Einschätzung, wann sich was lohnt.

Option 1: Steuerberater

Um es gleich vorweg zu sagen: Einen Steuerberater einzuschalten, lohnt sich in der Mehrzahl der Fälle nicht. Sie zahlen als Arbeitnehmer, Beamter, Rentner oder Pensionär dafür nur einen Haufen

Geld – und bekommen häufig keine allzu befriedigende Leistung. Denn Steuerberater sind in der Regel auf Selbstständige und Firmen spezialisiert – und nicht auf Normalbürger. Entsprechend wird Ihr Fall in der Steuerberaterkanzlei höchstwahrscheinlich an einen Steuerfachangestellten delegiert. Abgerechnet wird allerdings nach den gesetzlich normierten Honorarsätzen für geprüfte Steuerberater, und diese hängen von der Höhe Ihres geltend gemachten Einkommens ab. Hilfe bei der Erstellung Ihrer Steuererklärung können Sie aber weitaus billiger haben, ohne dass zwangsläufig die Qualität leidet (siehe Option 2).

Nur in schwierigen Fällen empfehlenswert

Manche Fälle sind aber durchaus komplex. So zum Beispiel, wenn Sie einen Gewerbebetrieb führen oder an einem Unternehmen beteiligt sind. Oder wenn Sie selbstständig sind. Oder wenn Sie eine Photovoltaikanlage auf dem Dach haben, Strom ins Versorgernetz einspeisen und damit aus steuerlicher Sicht ebenfalls ein Gewerbe betreiben. Oder wenn Sie ein Haus, eine Wohnung oder gewerbliche Immobilien vermieten oder verpachten. Hier empfiehlt es sich durchaus, einen Steuerberater einzuschalten.

Option 2: Mitgliedschaft im Lohnsteuerhilfeverein

Die Alternative zum Steuerberater heißt Lohnsteuerhilfeverein. Anders als bei einem Steuerberater werden Sie hier nicht zum Mandanten, der für jede Leistung einzeln bezahlt (Steuererklärung, Einspruch, Änderungsantrag). Stattdessen werden Sie Mitglied und in Ihrem Mitgliedsbeitrag sind alle Leistungen enthalten. Lohnsteuerhilfevereine arbeiten gemeinnützig, deshalb sind die Mitgliedsbeiträge nach Einkommen gestaffelt und belaufen sich in der Regel auf 55 bis 400 Euro pro Jahr und nicht mehr. Mitglied werden können Sie, ...

- ... wenn Sie keinerlei Einkünfte aus einer freiberuflichen Tätigkeit oder aus einem Gewerbebetrieb haben (Achtung: zu den Gewerbebetrieben gehört auch die Photovoltaikanlage auf dem Dach), oder
- ... wenn Sie maximal 13 000 Euro an Kapitaleinkünften (also Gewinnen aus Ihren Geldanlagen) sowie aus Vermietung und Verpachtung haben. Bei zusammen veranlagten Ehepaaren dürfen es maximal 26 000 Euro sein.

HILFE VOM STEUERFACHANGESTELLTEN

Keine Angst, ein Lohnsteuerhilfeverein ist keine Selbsthilfegruppe überforderter Steuerzahler. Sie erhalten hier eine fachlich fundierte Beratung bei der Erstellung Ihrer Steuererklärung. Denn in aller Regel kümmert sich ein vom Verein bezahlter Steuerfachangestellter darum, nachdem Sie einen Termin vereinbart und ihre Steuerunterlagen in die Beratungsstelle gebracht haben. Sie können ruhig mit einem Schuhkarton unsortierter Belege und Kontoauszüge aufkreuzen. Ein vom Verein bezahlter Steuerfachangestellter wird Ihnen bei der Erstellung der Einkommensteuererklärung helfen und später den Steuerbescheid des Finanzamts für Sie prüfen. Wenn sich ein Einspruch oder Änderungsantrag lohnt, dann wird er Ihnen ohne Mehrkosten helfen, diesen aufzusetzen. Übrigens können Sie auch einen Antrag auf Steuerklassenwechsel (siehe oben) oder einen Antrag auf Lohnsteuerermäßigung dort ausfüllen lassen. Gleiches gilt für den Zulagenantrag bei einem Riester-Vertrag.

Sie sind also rundum versorgt – und alle Leistungen sind in Ihrem Mitgliedsbeitrag inbegriffen.

DIE QUAL DER WAHL: LOHNSTEUERHILFEVEREINE GIBT'S WIE SAND AM MEER

Bei der Wahl Ihres bevorzugten Lohnsteuerhilfevereins sollten Sie jedoch sorgfältig sein, denn es gibt einige, mal größer und mal kleiner, mal regional und mal überregional tätig, und nicht alle sind »gleich gut«. Wie bei Steuerkanzleien unterscheiden sie sich durchaus im Hinblick auf Fachkompetenz, Beratungs- und Servicequalität. Idealerweise hören Sie sich erst in Ihrem Freundes- und Bekanntenkreis um: Wer hat mit welchem Lohnsteuerhilfeverein gute Erfahrungen gemacht? Wer kann seinen Verein weiterempfehlen? Probieren Sie einen empfohlenen Lohnsteuerhilfeverein ruhig aus. Wenn Sie anschließend nicht zufrieden sind, können Sie immer noch kündigen und in einen anderen Verein wechseln.

Alternativ können Sie im Internet auch nach Vereinen oder Beratungsstellen in Ihrer Nähe suchen.

Onlinesuche: So finden Sie Lohnsteuerhilfevereine in Ihrer Nähe

Nutzen Sie dazu die Suchfunktion des Bundesverbands Lohnsteuerhilfevereine (BVL) unter www.bvl-verband.de. Geben Sie im Feld »Beratungsstelle suchen« Ihre Postleitzahl ein und klicken Sie auf das Suchsymbol (Lupe). Anschließend wird Ihnen eine Karte mit den einzelnen Standorten angezeigt. Sie können den Umkreis manuell einstellen (voreingestellt sind 10 Kilometer).

Option 3: Steuerprogramme

Es gibt eine ganze Reihe von Steuerprogrammen, die Ihnen die Erstellung Ihrer Einkommensteuererklärung mehr oder weniger leicht machen.

- Die einen, zum Beispiel Smartsteuer (www.smartsteuer.de) oder WISO steuer:Web (www.buhl.de → steuer_Welt → steuer:Web), sind webbasiert, das heißt, Sie geben Ihre Daten in ein Onlineformular ein und das Programm macht daraus, ebenfalls online, Ihre Steuererklärung. Um eine Aktualisierung oder einen erneuten Download für die Steuererklärungen der Folgejahre brauchen Sie sich dann nicht zu kümmern, Sie zahlen für die einmalige Nutzung.
- Die anderen, zum Beispiel das WISO steuer:Sparbuch, Taxman oder die SteuerSparErklärung, sind Programme (zum Download oder als CD erhältlich), die Sie jährlich neu auf Ihrem Rechner installieren müssen, um sie nutzen zu können. Damit bleibt Ihre Steuererklärung Privatsache, die auf Ihrem eigenen Computer gespeichert wird und nicht auf irgendeinem anonymen Server, bei dem Sie nicht wissen, was mit den Daten passiert.

KOSTEN: ERSTAUNLICH GÜNSTIG

Der größte Vorteil von Steuerprogrammen sind die niedrigen Kosten. In der Regel zahlen Sie nicht mehr als 40 Euro für ein Steuerprogramm. Die einfacheren Versionen für unkomplizierte Steuerfälle sind schon ab 15 Euro zu haben. Allerdings können Sie die jeweilige Version auch nur ein Jahr lang nutzen, weil sich die Steuergesetze und auch die Steuerformulare laufend ändern. Fürs folgende Kalenderjahr brauchen Sie somit stets die nächste Version, die dann abermals kostenpflichtig ist. Aber seien wir ehrlich: Angesichts einer Erstattung von durchschnittlich 800 bis 1000 Euro, die ebenfalls jährlich anfällt, sind diese Kosten nun wahrlich vertretbar.

ABGABE ERFOLGT ELEKTRONISCH ODER IN PAPIERFORM

In aller Regel ermöglichen die Steuerprogramme eine elektronische Abgabe der Steuererklärung. Sie müssen dann nur noch eine Art Zusammenfassung ausdrucken, unterschreiben und postalisch ans Finanzamt schicken, dann ist Ihre Pflicht erledigt. Alternativ können Sie Ihre Steuerformulare aber auch ausdrucken und per Post ans Finanzamt senden, was der Gesetzgeber zumindest dann erlaubt, wenn Sie nicht gerade selbstständig tätig sind (Freiberufler und Gewerbetreibende müssen ihre Steuererklärungen zwingend in elektronischer Form ans Finanzamt übermitteln).

LEITFRAGEN FÜHREN DURCH DEN STEUERDSCHUNGEL

Bei den meisten Steuerprogrammen, ob webbasiert oder als klassische Software, werden Sie Schritt für Schritt durch die Steuererklärung geführt. Nicht unbedingt wird dabei die Reihenfolge eingehalten, die die komplizierten Steuerformulare des Finanzamts vorgeben. Häufig fragt das jeweils genutzte Programm Schritt für Schritt nach den verschiedenen Eingaben und Belegen. Bei der Mehrzahl der Programme ist ein Zugriff auf Ihre ELSTER-Daten enthalten, wenn Sie sich dort für die vorausgefüllte Steuererklärung registriert haben. Dann können Sie sich die Suche nach dem Ausdruck der elektronischen Lohnsteuerbescheinigung, nach der Rentenmitteilung oder nach Kindergeldmitteilungen sparen.

Einige Programme, zum Beispiel die SteuerSparErklärung der Akademischen Arbeitsgemeinschaft, ermöglichen eine elektronische Erfassung der Belege, die dafür einfach mit dem Smartphone fotografiert werden müssen. Bei anderen müssen Sie selbst aus Ihrer Schuhschachtel (oder Ihren sorgfältig abgehefteten Unterlagen) das herausgreifen, was Sie gerade benötigen, um die betreffende Frage zu beantworten oder die geforderte Eingabe zu machen.

WELCHES PROGRAMM PASST ZU IHNEN?

Wie bei den Lohnsteuerhilfevereinen gilt auch bei der Steuersoftware: Die Auswahl ist riesig und Sie haben die Qual der Wahl, welches Programm nun für Ihre Bedürfnisse am besten geeignet ist. Hierfür können Sie sich an drei Leitfragen orientieren:

1. Wollen Sie eine webbasierte Version, bei der die Daten nicht auf Ihrem Computer, sondern online im Login-Bereich des Anbieters abgelegt werden? Wer es mit dem Datenschutz sehr genau nimmt, für den ist diese Version eher ungeeignet, auch wenn die Anbieter selbstverständlich betonen, keine personenbezogenen Daten an unbefugte Dritte weiterzugeben. Empfehlenswert dagegen ist diese Variante für alle, die es gerne unkompliziert mögen. Die webbasierte Software (Anbieter: siehe Spalte zwei der folgenden Tabelle) gibt es nicht nur als Version für den stationären Rechner, sondern auch als Smartphone-App.
2. Wollen Sie es sich lieber leicht machen oder haben Sie praktisch nur Arbeits-, Renten- oder Pensionseinkünfte und sind Sie damit ein einfacher Steuerfall? Dann reicht eine der günstigen Einfachversionen von den bewährten Anbietern, die Sie in Spalte drei der folgenden Tabelle finden.

3. Wollen Sie für eine maximale Steuerersparnis möglichst viele Eingaben machen oder haben Sie neben Arbeits-, Renten- oder Pensionseinkünften auch noch andere Einkommensquellen (z. B. freiberufliche Tätigkeit, Gewerbebetrieb, Vermietung und Verpachtung)? Bei komplizierten Fällen und großen Steuersparambitionen empfiehlt sich die ausführlichere und teurere Software der bewährten Anbieter, die Sie in der vierten Spalte der folgenden Tabelle finden.

Sie erhalten die Programme übrigens wahlweise in diversen Elektronikmärkten (als Karton mit einer CD), können sie aber auch im Versandhandel bestellen oder direkt beim Anbieter den direkten Download übers Internet wählen. Wenn Sie eine endgültige Wahl getroffen haben, überlegen Sie als Nächstes, ob sich ein Abo für Sie lohnt, bei dem Sie jährlich automatisch die CD oder den Download-Link zugeschickt bekommen und per Lastschrift zahlen. Das belohnen die Anbieter oftmals mit einem Rabatt von 5 bis 10 Euro pro Version.

Anbieter	**Webbasierte Programme und Smartphone-Apps**	**Programm zum Download**	
		Einfachere Steuerfälle	**Komplexere Steuerfälle**
Buhl Data Service GmbH (www.buhl.de)	WISO steuer:Web (www.buhl.de/steuer-web/) ilovetax (Smartphone-App)	–	WISO Steuer:Sparbuch
Akademische Arbeitsgemeinschaft (www.akademische.de)	–	SteuerEasy	SteuerSparErklärung
Haufe – Lexware GmbH & Co. KG	–	Taxman	Lexware QuickSteuer Deluxe
smartsteuer GmbH (www.smartsteuer.de)	Smartsteuer (www.smartsteuer.de oder als Smartphone-App)	-	-

Bewährte Anbieter von Steuersoftware (ohne Anspruch auf Vollständigkeit)

Rentner: Müssen Sie überhaupt eine Steuererklärung abgeben?

Falls Sie schon im Ruhestand sind, dann gibt es eine Frage, die Sie vielleicht schon länger als finanziellen Ballast mit sich herumschleppen: »Muss ich überhaupt eine Steuererklärung abgeben (und droht mir das möglicherweise sogar noch für zurückliegende Jahre)?« Für Pensionäre ist die Sache klar: Sie kommen um diese Pflicht üblicherweise nicht herum.

Aber wie sieht es bei klassischen Altersrentnern aus, die ihre Ruhestandsbezüge von der gesetzlichen Rentenversicherung, aus einer landwirtschaftlichen Versorgungseinrichtung oder (alternativ oder zusätzlich) einem Rürup-Vertrag erhalten? Die Frage ist berechtigt: Steuerpflichtig ist nur knapp jeder vierte Rentner. Aber mit jeder Rentenerhöhung steigt die Zahl derer, die eine Steuererklärung machen und ihre Rente versteuern müssen, um einige Zehntausend an.

Hintergrund: Das komplizierte Hickhack um die Rentenbesteuerung

Bis Ende des Jahres 2004 gab es diese bange Frage nach der Steuerpflicht der Renteneinkünfte für klassische Altersrentner nicht. Denn damals waren gesetzliche Renten grundsätzlich steuerfrei. Das aber fand ein Beamter im Ruhestand ungerecht, denn er musste – wie alle Beamten – seine Pension versteuern. Wegen dieser steuerlichen Ungleichbehandlung von Pensionen und gesetzlichen Renten zog er vor das Bundesverfassungsgericht. Das gab ihm im Jahr 2002 Recht. Es dauerte aber noch bis zum Jahreswechsel 2004/2005, bis der Gesetzgeber sein Steuersystem für Altersbezüge auf die so genannte nachgelagerte Besteuerung umgestellt hatte. »Nachgelagert« heißt: Die Einzahlungen ins jeweilige Altersvorsorgesystem sollen künftig steuerfrei sein, die Auszahlung aus diesem System dagegen steuerpflichtig.

Doch klar ist auch: Ein solches System lässt sich nicht über Nacht umdrehen. Es gibt eine Übergangsphase – und diese dauert bis zum Jahr 2040 an. Erst wer dann in Rente geht, muss seine volle Rente versteuern. Vorher gilt: Steuerpflichtig ist nur ein Teil der Rente, und dieser Teil hängt vom Jahr des Renteneintritts ab. Der steuerfreie Rentenanteil wird dummerweise als Betrag ein für alle Mal festgeschrieben und nicht etwa als Prozentsatz. Und das bedeutet: Jede Rentenerhöhung wird prinzipiell zum steuerpflichtigen Rentenanteil dazugezählt, was bedeutet: Sie zahlen Steuern, sobald er den Grundfreibetrag überschreitet, also den Teil des Einkommens, der bei jedem Steuerbürger in Deutschland steuerfrei bleibt (ein paar kleinere Pauschalen werden noch abgezogen, aber das spielt fürs grundsätzliche Verständnis der Sachlage erst mal keine Rolle).

Jetzt wissen Sie auch, warum das Ganze so kompliziert ist: Denn es gibt keine für alle Rentner gleichen Kriterien, um zu entscheiden, ob ihre Rentenbezüge steuerpflichtig sind oder nicht. Das hängt von deren absoluter Höhe ab, aber auch vom Jahr des Renteneintritts. Problematisch wird es, wenn das Finanzamt Sie auffordert, eine Steuererklärung abzugeben. Das kann durchaus rückwirkend für einige Jahre passieren. Ich kenne einen Fall, in dem eine Witwe aus meinem Wohnort die entsprechende Aufforderung für mehrere Jahre rückwirkend bekam – und dann eine vierstellige Summe an Steuernachzahlungen leisten musste, womit sie finanziell definitiv überfordert war. Deshalb sollten Sie auf der Hut sein und den Zeitpunkt nicht versäumen, ab dem Sie eine Steuererklärung abgeben müssen. Vielleicht schaffen Sie es ja sogar, durch gezielten Einsatz von Werbungskosten und Sonderausgaben, Ihre Steuerlast auf null zu drücken. In jedem Fall haben Sie dann nicht die Sorge, später mit einer hohen Nachzahlung konfrontiert zu sein.

Schnellcheck: Wann Sie eine Steuererklärung abgeben sollten

Eine Steuererklärung sollten Sie auf jeden Fall abgeben, wenn Sie neben Ihrer gesetzlichen Rente noch anderweitige Einkünfte haben, beispielsweise eine Werkspension, Vermietungseinkünfte oder gewerbliche Einkünfte (etwa aus dem Betrieb einer Photovoltaikanlage).

Falls Sie Ihre Altersbezüge wirklich nur von der gesetzlichen Rentenversicherung erhalten, dann gibt es vom Bundesfinanzministerium eine praktische, aber kaum bekannte Übersicht zur Rentenbesteuerung. Sie wird jedes Jahr neu herausgegeben. Daraus können Sie, nach Renteneintrittsjahr geordnet, entnehmen, ab welcher Gesamthöhe Ihre Jahresbruttorente steuerpflichtig ist. Die Rentenerhöhung, die üblicherweise zum 1. Juli eines jeden Jahres erfolgt, ist dabei berücksichtigt, und auch die Monatsbruttorenten sind angegeben. Die folgende Tabelle zeigt, welche gesetzlichen Rentenbezüge (Bruttojahresrente) für das Kalenderjahr 2019 gerade noch steuerfrei bleiben (wenn keine weiteren Einkünfte dazukommen):

Jahr des Rentenbeginns	**Maximal steuerfreie Jahresbruttorente in Euro**	**Jahr des Rentenbeginns**	**Maximal steuerfreie Jahresbruttorente in Euro**
2005 und früher	17 578	2013	15 176
2006	17 132	2014	14 935
2007	16 764	2015	14 788
2008	16 541	2016	14 648
2009	16 255	2017	14 416
2010	15 871	2018	14 177
2011	15 585	2019	13 758
2012	15 384	2020	n. v.

Maximal steuerfreie Jahresbruttorente in Euro im Steuerjahr 2019, Datenquelle: »Übersicht zur Rentenbesteuerung 2019«, Bundesministerium der Finanzen

Hier finden Sie ältere und neuere Übersichten zur Rentenbesteuerung

Die Zahlen fürs Steuerjahr 2020 waren bei Fertigstellung des Buchmanuskripts noch nicht veröffentlicht. Sie können diese aber problemlos selbst im Internet finden: Geben Sie dazu einfach die Suchbegriffe »Bundesfinanzministerium Übersicht zur Rentenbesteuerung« in Ihre Suchmaschine ein und klicken Sie auf den entsprechenden Link zu dem Jahr, für das Sie die Beträge herausfinden möchten. Die Tabellen des Bundesfinanzministeriums sind etwas größer und komplizierter als die oben abgebildete, die ich stark gekürzt und vereinfacht habe. Aber das macht nichts: Maßgeblich sind für Ihren Bedarf nur die ersten beiden Spalten. Wenn Sie diese betrachten, dann wissen Sie: Liegt Ihre Jahresbruttorente im betreffenden Steuerjahr über dem in der zweiten Spalte angegebenen Eurobetrag, dann müssen Sie als Rentner eine Steuererklärung abgeben. Falls Sie übrigens Ihre Jahresbruttorente nicht kennen, dann fordern Sie von der gesetzlichen Rentenversicherung einfach eine Rentenbezugsmitteilung an (Hotline: 0800 1000 4800). Sie wird Ihnen dann in den Folgejahren unaufgefordert weiterhin zugeschickt.

Fristen zur Abgabe der Steuererklärung: Notfalls Antrag auf Verlängerung stellen

Die Frist für die Abgabe der Einkommensteuererklärung hat sich ab dem Veranlagungsjahr 2018 erfreulicherweise verlängert. Musste früher Ihre Steuererklärung fürs Vorjahr schon bis zum 31. Mai beim Finanzamt sein, so haben Sie künftig Zeit bis zum 31. Juli. Eine Ausnahme gilt allerdings, wenn Sie einen Steuerberater oder Lohnsteuerhilfeverein mit der Erstellung beauftragt haben. Hier haben Sie automatisch bis Ende Februar des übernächsten Jahres Zeit.

Übrigens verschiebt sich die Abgabefrist auf den nächsten Werktag, wenn der letzte Februartag auf einen Samstag, Sonntag oder Feiertag fällt.

Die Abgabe der Steuererklärung nach hinten verschieben – das geht auch ganz ohne Steuerberater oder Lohnsteuerhilfeverein. Mit dem Einverständnis des Finanzamts können Sie eine Fristverlängerung bis maximal Ende Februar des übernächsten Jahres erhalten, das auf den Veranlagungszeitraum folgt, also beispielsweise bis Februar 2021 (statt Juli 2020) für die Steuererklärung 2019.

Um das zu erreichen, müssen Sie einen Antrag auf Verlängerung der Abgabefrist stellen. In der Regel ist das unproblematisch und formlos per Telefon möglich: Sie rufen bei der Abteilung Einkommensteuer an und lassen sich mit Ihrem Sachbearbeiter verbinden (dazu genügt es, wenn Sie der Vermittlungsstelle Ihren Nachnamen sagen oder buchstabieren). Dann bitten Sie um Verlängerung und nennen gegebenenfalls auf Nachfrage den Grund, warum Sie nicht pünktlich abgeben können. Mögliche Gründe sind beispielsweise eine aktuell hohe und vorher nicht absehbare Arbeitsbelastung oder eine Erkrankung, die Ihren ursprünglichen Zeitplan durcheinandergeworfen hat. Auch das Fehlen benötigter Unterlagen kann ein guter Grund sein. Wenn Sie nicht schon häufiger verspätet abgegeben haben, wird Ihnen die Verlängerung aber oft auch gewährt, ohne dass Sie nach Gründen gefragt werden.

Wer allerdings dem Finanzamt in der Vergangenheit schon als unzuverlässig aufgefallen ist, der sollte eine gute Begründung parat haben. Dann empfiehlt sich auch ein schriftlicher Antrag. In den

Betreff schreiben Sie »Antrag auf Fristverlängerung für die Abgabe der Einkommensteuererklärung« und nehmen außerdem Ihre Steuernummer oder Ihre steuerliche Identifikationsnummer auf. In den Text schreiben Sie: »Ich bitte um Fristverlängerung für die Abgabe meiner Steuererklärung bis zum ...«

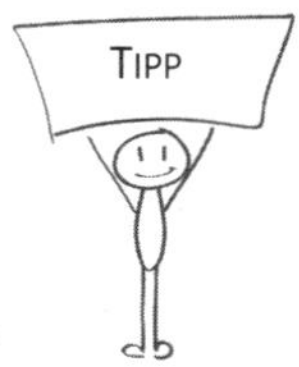

Zusatztipp: Machen Sie es dem Sachbearbeiter leicht

Sie können die chronische Überlastung der Finanzämter zu Stoßzeiten bei der Bearbeitung der Steuererklärungen durchaus ausnutzen, indem Sie am Schluss Ihres Fristverlängerungsantrags den schönen Satz anführen: »Wenn ich bis zum ... (Datum 14 Tage später) nichts von Ihnen höre, gehe ich davon aus, dass die beantragte Fristverlängerung genehmigt wurde.« Sie ersparen es Ihrem Sachbearbeiter damit, auf Ihren Brief zu reagieren, und das mag für manchen Anreiz genug sein, Ihnen die gewünschte Fristverlängerung einzuräumen.

Steuern sparen: Die wichtigsten Tipps

Das deutsche Steuerrecht füllt ganze Bücher, und jeder Steuerfall ist anders. Es wäre somit ein ehrgeiziges Unterfangen, alle relevanten Steuerspartipps in nur einem einzigen Buchkapitel unterzubringen. Zudem will ich Sie nicht zusätzlich mit Einzelheiten langweilen, die sich in dieser Akribie wirklich nur eine deutsche Finanzverwaltung ausdenken konnte. Folglich beschränke ich mich bei meinen Tipps auf diejenigen, die Ihnen wahlweise Arbeit ersparen (Belege suchen oder organisieren) oder eine besonders große Steuerersparnis bringen. Eine wichtige Unterscheidung sollten Sie aber kennen: nämlich die zwischen Werbungskosten und Sonderausgaben:

Werbungskosten

Werbungskosten hängen mit dem Broterwerb zusammen, daher der Name. Sie werden jeweils der Einkunftsart zugeordnet, in der sie anfallen. Die Kosten für eine selbstgezahlte Fortbildung können Sie also als Werbungskosten bei den Einkünften aus nichtselbstständiger Arbeit (Anlage N) absetzen, die Kosten für einen Handwerkereinsatz in der Wohnung, die Sie vermieten, sind Werbungskosten bei den Einkünften aus Vermietung und Verpachtung. Besonderheit: Werbungen mindern jeweils nur die Einkünfte in dem Bereich, in dem sie anfallen. Die oben genannten Fortbildungskosten mindern also nicht Ihre Mieteinkünfte. Dafür können Werbungskosten auch in Folgejahre verschoben werden, nämlich dann, wenn unterm Strich (Einkünfte minus Werbungskosten) ein Minus bleibt und sie sich im betreffenden Kalenderjahr daher nicht mehr steuermindernd auswirken.

WERBUNGSKOSTEN FÜR ARBEITNEHMER: ERST MAL PRÜFEN, OB SICH DER AUFWAND FÜR EINEN EINZELNACHWEIS LOHNT

Viel Arbeit können Sie sich als Arbeitnehmer oder Beamter ersparen, wenn Sie die Werbungskosten nicht einzeln nachweisen. Werbungskosten sind alle Kosten, die im Zusammenhang mit Ihrer Erwerbstätigkeit anfallen und die Sie selbst (und nicht etwa Ihr Arbeitgeber) getragen haben. Der Staat gewährt Ihnen eine Pauschale von immerhin 1000 Euro, die automatisch von Ihren zu versteuernden Arbeitseinkünften abgezogen werden.

Nur wenn ihre Werbungskosten deutlich darüber hinausgehen, lohnt sich der Aufwand, einzelne Kosten aufzustellen und nachzuweisen. Entsprechend können Sie dann mehr absetzen, aber natürlich macht das auch mehr Arbeit (das Bürokratiemonster lässt wieder mal grüßen). Überschlagen Sie daher erst einmal grob: Liegen Sie über der Werbungskostenpauschale oder bleiben Ihre Kosten weit darunter?

- **Als Erstes stellen Sie sich die Frage:** Kommen Sie vielleicht schon durch die Pendlerpauschale in die Nähe der magischen 1000 Euro, also die steuerlich anerkannten Kosten für die Anfahrt zur Arbeit mit dem eigenen Auto? Zur Errechnung der Pendlerpauschale nehmen Sie die einfache Entfernung zu Ihrem Arbeitsplatz und multiplizieren sie mit der Zahl der Arbeitstage (rund 230 Tage im Jahr bei einer Fünftagewoche oder 280 Tage pro Jahr bei einer Sechstagewoche) und dem steuerlich anerkannten Betrag von 0,30 Euro pro Kilometer. Beispiel: Die einfache Entfernung liegt bei 15 Kilometer und Sie haben eine Fünftagewoche. Dann rechnen Sie: 15 x 230 x 0,30 = 1035 Euro. Damit liegen Sie bereits über der Werbungskostenpauschale.
- **Anschließend überlegen Sie sich, welche größeren Ausgaben Sie noch hatten:** Dazu gehören zum Beispiel selbst gezahlte Fortbildungskosten (Anreise, hier zählt der Hin- *und* Rückweg, Kursgebühr, Übernachtung), Fachliteratur oder Mitgliedsbeiträge zu Gewerkschaften oder Berufsvereinigungen (siehe auch den folgenden Abschnitt). Auch das kann dazu führen, dass Sie die Werbungskostenpauschale übertreffen und mit einem Einzelnachweis Ihrer Kosten mehr Steuern sparen.

IM DETAIL: DIESE WERBUNGSKOSTEN HELFEN IHNEN ALS ARBEITNEHMER BEIM STEUERNSPAREN

Wenn Ihre Werbungskosten, gegebenenfalls inklusive Pendlerpauschale, 1000 Euro übertreffen, dann lohnt es sich, die entsprechenden Nachweise zu erbringen. Die Nachweise sind, je nach Posten, mal schwieriger und mal leichter zu erbringen. Ohnehin müssen Sie beim Finanzamt nur eingereicht werden, wenn Ihr Sachbearbeiter nach Abgabe der Steuererklärung danach fragt. Absetzbar sind folgende Werbungskosten im Zusammenhang mit einer abhängigen Beschäftigung:

- **Fachliteratur und Arbeitsmittel** (Werkzeuge, Computer) weisen Sie mit dem Kaufbeleg oder der Rechnung nach. Gegebenenfalls reicht auch die Abbuchung von Ihrem Girokonto, wenn daraus der Verwendungszweck klar hervorgeht. Was allerdings mehr als 1000 Euro gekostet hat, muss über mehrere Jahre abgeschrieben werden. Das heißt, der Kaufpreis wird auf mehrere Jahre aufgeteilt, bei Computern und Tablets zum Beispiel über drei Jahre. Der Privatanteil der Nutzung muss außerdem herausgerechnet werden.
- **Verpflegungspauschalen** sind extrem einfach nachzuweisen: Aus Ihrem Terminkalender kriegen Sie jeden Tag heraus, den Sie nicht ganz normal bei Ihrem Arbeitgeber gearbeitet haben, sondern auswärts tätig waren. Etwa weil Sie auf Fortbildung oder Dienstreise waren. Stellen Sie auf einem Blatt die Kalenderdaten und den Grund Ihrer Abwesenheit zusammen. Sie dürfen für jeden vollen Abwesenheitstag 24 Euro und für den An- und Abreisetag je 12 Euro ansetzen und die Summe als Werbungskosten geltend machen.

- **Umzüge** werden dann anerkannt, wenn sie beruflich bedingt sind. Entweder, Sie reichen die wirklichen Umzugsrechnungen ein, also die des Umzugsunternehmens, der Dienstleister und Handwerker, die Ihnen beim Möbeltransport, beim Ab- und Aufbau sowie beim Aufstellen, Aufhängen und Anschließen der verschiedenen Elektrogeräte (Herd, Backofen, Lampen etc.) geholfen haben. Oder Sie nutzen ganz einfach die Pauschale von 764 Euro, die Ihnen jeden weiteren Nachweis erspart. Dann brauchen Sie dem Finanzamt nur auf einem gesonderten Blatt mitzuteilen, wann und warum (beruflich bedingter Wechsel des Wohnortes) Sie umgezogen sind.
- **Zweitwohnungskosten** können Sie im Rahmen einer doppelten Haushaltsführung geltend machen, wenn Sie fern von Ihrer Familie arbeiten und während der Woche in der Nähe Ihres Arbeitsplatzes wohnen. Absetzbar sind Miete und Nebenkosten, Rundfunkbeitrag, Möbel und Einrichtung (gegebenenfalls müssen die Anschaffungskosten abgeschrieben, das heißt über mehrere Jahre verteilt werden) sowie wöchentliche Heimfahrten (mit der Pauschale von 0,30 Euro pro Entfernungskilometer, einfache Strecke). Machen Sie auch hierüber eine Aufstellung.
- **Beiträge zu Berufsverbänden oder Gewerkschaften** lassen sich einfach anhand der Abbuchung vom Girokonto nachweisen.
- **Berufliche Versicherungen**, zum Beispiel eine Berufshaftpflicht: Auch hier genügt die Abbuchung vom Girokonto als Nachweis. Wahlweise nehmen Sie die Abbuchungsnachricht des Versicherers. Übrigens können Sie pauschal 50 Prozent der Prämien Ihrer Rechtsschutzversicherung dort angeben, wenn im Schutzumfang auch Arbeitnehmerbelange enthalten sind (Kündigungsschutzklagen, Klagen gegen unbe-

rechtigte Abmahnungen etc.). Gleiches gilt für eine private Unfallversicherung, wenn sie auch Unfälle am Arbeitsplatz abdeckt.

- **Telefon- und Internetkosten:** Wenn Sie häufiger mal vom privaten Festnetz- oder Mobilfunkanschluss für Ihren Arbeitgeber telefonieren oder Ihr privates Internet für seine Belange nutzen, dann machen Sie die Kosten geltend. Sie brauchen dafür nicht umständlich anhand eines Einzelverbindungsnachweises zu ermitteln, welche Telefonate privat und welche beruflich waren. Das Finanzamt erkennt problemlos pauschal 20 Prozent der Telefon-, Mobilfunk- und Internetrechnung an bis zur Höchstsumme von 20 Euro pro Monat.
- **Bankgebühren:** Üblicherweise werden fürs Girokonto 16 Euro ohne gesonderten Nachweis anerkannt.

WERBUNGSKOSTEN FÜR RENTNER UND PENSIONÄRE: DIE PAUSCHALE LIEGT NUR BEI 102 EURO

Was hat ein Rentner oder Pensionär für Werbungskosten? In der Regel nicht mehr so viele wie ein Arbeitnehmer vor Renteneintritt, das ist klar. Deshalb gewährt der Fiskus auch nur eine Pauschale von 102 Euro pro Jahr. Aber vielleicht kommen Sie ja doch darüber, etwa wenn Sie folgende Kosten einzeln auflisten und nachweisen:

- Beiträge zu Berufsverbänden und/oder Gewerkschaften
- Fahrtkosten zur Rentenberatung (0,30 Euro pro gefahrenem Kilometer)
- Anwaltskosten und Gerichtsgebühren bei Rechtsstreitigkeiten über Ihre Renten- oder Pensionsansprüche

- Kosten für den Steuerberater – absetzbar ist, was er im Veranlagungsjahr für die Anlage R oder N berechnet hat (in der Rechnung gesondert ausgewiesen)
- Kontoführung: Auch hier können Sie pauschal und ohne Nachweis 16 Euro absetzen.

Sonderausgaben

Neben den Werbungskosten bringen die Sonderausgaben die größte Steuerersparnis. Sonderausgaben sind absetzbare Kosten, die nicht mit der Erzielung irgendwelcher Einkünfte zu tun haben. Unter diesen Begriff fallen zum Beispiel Spenden, die ja nicht dazu da sind, Ihnen irgendwelche Einkünfte zu verschaffen. Oder die gezahlte Kirchensteuer. Oder Vorsorgeaufwendungen (z. B. Sozialversicherungsbeiträge oder auch bestimmte, privat abgeschlossene Versicherungen). Auch haushaltsnahe Dienst- und Handwerkerleistungen sowie die Kosten für eine Putz- oder Gartenhilfe sind Sonderausgaben. Ohne Einzelnachweis berücksichtigt werden nur 36 Euro (72 Euro bei zusammen veranlagten Ehepaaren). Daher lohnt sich bei Sonderausgaben der Einzelnachweis. Sonderausgaben können nicht ins nächste Jahr verschoben werden, sondern wirken sich stets nur in dem Jahr aus, in dem sie angefallen sind. Aber dafür werden sie nicht irgendwelchen Einkunftsarten zugeordnet, sondern verringern das gesamte zu versteuernde Einkommen.

VORSORGEAUFWENDUNGEN

Die meisten Vorsorgeaufwendungen, sprich Beiträge zur gesetzlichen Renten-, Kranken-, Pflege- und Arbeitslosenversicherung können Sie problemlos abhandeln, indem Sie schlichtweg die entsprechenden Einträge aus dem Ausdruck Ihrer elektronischen Lohnsteuerbescheinigung in die Anlage AV übernehmen. Nur als Beamter oder Pensionär mit privater Kranken- und Pflegeversicherung müssen Sie die Daten selbst zusammensuchen – absetzbar ist die Basisversorgung, also das, was im Leistungsumfang dem der gesetzlichen Kranken- und Pflegeversicherung entspricht (der Betrag, der darauf entfällt, steht auf der Bescheinigung des Versicherers).

Auch die Rürup-Rente und eventuelle Beiträge zu einem berufsständischen Versorgungswerk gehören zu den Vorsorgeaufwendungen, und ebenso die Einzahlungen in einen Riester-Vertrag, für den Sie allerdings gesondert die Anlage AV ausfüllen müssen.

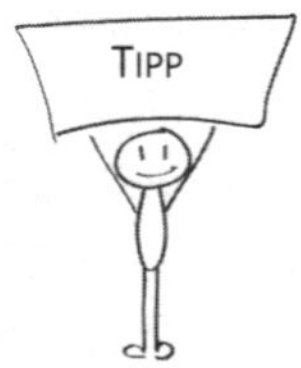

Mein Tipp: Machen Sie sich nicht zu viel Mühe damit

Es kann ganz schön nervig sein, die gezahlten Beiträge der privaten Versicherungen zusammenzusuchen, auch wenn es im Prinzip genügt, wenn Sie Ihre Kontoauszüge auf die entsprechenden Abbuchungen prüfen. Machen Sie sich aber nicht zu viel Mühe damit. Denn der absetzbare Betrag ist ohnehin auf 1900 Euro beschränkt (2800 Euro bei Beamten, weil diese sich privat kranken- und pflegeversichern müssen). Und allein die Kranken- und Pflegeversicherung, egal ob gesetzlich oder privat, beansprucht einen Großteil dieses Maximalbetrags oder überschreitet ihn sogar. Es kann also gut sein, dass sich gar nicht alle Versicherungen, die Sie angeben, steuermindernd auswirken. Dieses Bürokratiemonster können Sie also auch einfach mit Nichtbeachtung strafen.

Private Versicherungen – und jetzt sind wir wieder bei der Anlage AV – müssen Sie jedoch selbst zusammensuchen, und es sind auch nicht alle Policen absetzbar, sondern nur die folgenden:

- Haftpflichtversicherung (Privat-, Kfz-, Tierhalterhaftpflicht)
- Unfallversicherung
- Berufsunfähigkeitsversicherung
- Risikolebensversicherung
- Kapitallebens- oder Rentenversicherung, sofern vor 2005 abgeschlossen

SPENDEN

Spenden überweisen Sie am besten – oder Sie leisten diese per Einzugsermächtigung. Bei Beträgen bis 200 Euro haben Sie dann schon den nötigen Nachweis fürs Finanzamt: Das begnügt sich nämlich bis zu diesem Betrag mit einem Kontoauszug, aus dem die Überweisung oder Abbuchung hervorgeht. Andernfalls brauchen Sie vom Empfänger eine Zuwendungsbescheinigung (wobei es Ausnahmen gibt, etwa die Sonderkonten bestimmter Hilfsorganisationen).

Spenden werden von Ihrem zu versteuernden Einkommen abgezogen, was bedeutet, dass Sie, je nach Ihrem persönlichen Steuersatz, zwischen 18 und 45 Prozent der Spendensumme in Form einer Steuerersparnis zurückerhalten.

Noch lukrativer sind Spenden an Parteien und Wählervereinigungen: Sie bringen unabhängig vom persönlichen Steuersatz stets eine Steuerersparnis von 50 Prozent, sofern sie 1650 Euro pro Jahr nicht überschreiten (3300 Euro bei zusammen veranlagten Ehepaaren).

Listen Sie auch Spenden ohne Nachweis auf

Sie werfen häufiger mal einen Geldschein in den Klingelbeutel Ihrer Kirche? Sie können nicht nein sagen, wenn die Sternsinger zwischen Weihnachten und dem Dreikönigstag bei Ihnen klingeln? Oder Sie haben bei einer Türsammlung 50 Euro an den örtlichen Tierschutzverein gespendet? Völlig klar, dass Sie dafür keine Spendenbescheinigung und keinen Abbuchungsbeleg vorweisen können. Probieren Sie trotzdem, diese Spenden abzusetzen. Bis zu einer Gesamtsumme von 100 Euro stehen Ihre Chancen gut, wenn Sie diese Spenden einfach auflisten und den Vermerk »ohne Beleg« dazuschreiben. Denn es gibt bei den Finanzämtern zwar keinen Rechtsanspruch auf Anerkennung unbelegter Spenden. Aber die so genannte Nichtbeanstandungsgrenze in Höhe von 100 Euro sorgt häufig dafür, dass Ihr Sachbearbeiter nicht nachgewiesene Spenden bis zu dieser Höhe trotzdem anerkennt.

HAUSHALTSNAHE HANDWERKERRECHNUNGEN

Handwerkerrechnungen sind absetzbar, wenn die erbrachte Leistung in Ihrem Haushalt erbracht wird (wobei auch der Garten und der ans Grundstück angrenzende Bürgersteig durchaus steuerlich zum Haushalt zählt). Man spricht hier von haushaltsnahen Handwerkerleistungen. Absetzbar sind nur die Arbeitskosten (inklusive Anfahrt), nicht aber das Material. Lassen Sie die Arbeitskosten in der Rechnung gesondert ausweisen! 20 Prozent dieser Kosten zieht das Finanzamt sofort von Ihrer Steuerschuld ab. Pro Kalenderjahr können Sie auf diese Weise bis zu 1200 Euro Steuern sparen.

Wichtig: Keine Barzahlung leisten!

Sie dürfen den Handwerker nicht in bar bezahlen. Selbst wenn der Schornsteinfeger üblicherweise sein Geld gleich bei seinem Besuch kassieren will ganz einfach, weil das so üblich ist: Bitten Sie ihn um eine Rechnung und überweisen Sie den Betrag. Bei unbarer Zahlung können Sie auch seine Rechnung steuerlich absetzen.

HAUSHALTSNAHE DIENSTLEISTUNGEN

Wo liegt der Unterschied zu den Handwerkerleistungen? Bei den haushaltsnahen Dienstleistungen geht es um Arbeiten, die eigentlich ein Haushaltsmitglied verrichten könnte: Putzen, Kochen, Waschen, Rasenmähen, Heckenschneiden, um nur einige zu nennen. Auch die Pflege und Betreuung von älteren oder behinderten Haushaltsmitgliedern oder von Kindern im eigenen Haushalt zählt zu den haushaltsnahen Dienstleistungen (nicht aber der Klavier- oder Kunstunterricht). Abermals sind 20 Prozent der Kosten absetzbar, die Höchstgrenze liegt hier allerdings bei immerhin 4000 Euro pro Jahr.

Aufgepasst: Auch hier ist die unbare Zahlung Pflicht und Sie sollten dem Finanzamt auf Nachfrage eine Rechnung vorweisen können.

HAUSHALTS- UND GARTENHILFE (WENN ANGEMELDET)

Vielleicht beschäftigen Sie ja eine Putz-, Haushalts- oder Gartenhilfe. Absetzbar sind die Kosten, wenn Sie diese ordnungsgemäß bei der Minijob-Zentrale angemeldet haben (www.minijob-zentrale.de). Sie müssen dann bestimmte Pauschalen für Steuern und Sozialversicherung an diese Institution abführen, erhalten dafür aber nach

Jahresende eine Bescheinigung fürs Finanzamt. Abermals reduziert sich Ihre Steuer um 20 Prozent der Kosten. Der Höchstbetrag pro Jahr liegt hier bei 510 Euro.

Erfreulich: Hier ist eine Barzahlung möglich

Sie können Ihre Haushaltshilfe in bar bezahlen und die Kosten trotzdem absetzen. Die Zusatzabgaben werden allerdings von Ihrem Konto abgebucht, die Minijob-Zentrale verlangt gleich bei Anmeldung eine Einzugsermächtigung.

Freistellungsauftrag: Vermeiden Sie Steuerabzüge auf Kapitaleinkünfte

Abseits der Steuererklärung sollten Sie Steuerabzüge vermeiden, so zum Beispiel bei Ihren Geldanlagen. Ob Sie nun Geld auf ein Zinskonto legen, einen Sparvertrag haben oder ob Sie Aktien oder Fonds gekauft haben: In der Regel werden diese Geldanlagen Ihnen Gewinne bescheren, nämlich in Form von Zinsen (und mögen diese noch so bescheiden sein), Dividenden oder Kursgewinne. Diese Gewinne sind so genannte Kapitaleinkünfte – und unterliegen prinzipiell auch der Besteuerung.

Es drohen mehr als 25 Prozent Steuerabzug

Die Kapitalertragsteuer heißt in ihrer aktuellen Form landläufig Abgeltungsteuer und beläuft sich auf 25 Prozent der Gewinne – plus Solidaritätszuschlag in Höhe von 5,5 Prozent der Steuersumme. (Der

»Soli« soll bei Kapitaleinkünften nicht abgeschafft werden, bleibt uns also vermutlich leider noch eine Weile erhalten, auch wenn aktuell eine Klage dagegen anhängig ist). Bei Kirchenmitgliedern kommt außerdem noch die Kirchensteuer in Höhe von 8 Prozent (Baden-Württemberg und Bayern) oder 9 Prozent der Steuersumme (übrige Bundesländer) dazu. Inklusive Soli und gegebenenfalls Kirchensteuer müssen Sie also Steuern in Höhe von rund 26 bis 29 Prozent auf Ihre Gewinne aus Geldanlagen an den Staat abführen. Das Gemeine ist: Das geschieht bereits, ohne dass Sie es mitbekommen.

So funktioniert das System »Abgeltungsteuer«

Die Bank behält die Kapitalertragsteuer inklusive Soli und Kirchensteuer gleich ein und führt sie automatisch ans Finanzamt ab. Damit ist Ihre Steuerschuld in der Regel abgegolten, daher der Name »Abgeltungsteuer«. Dieses Prozedere erspart Ihnen zwar im Regelfall die Abgabe der Anlage KAP. Aber es sorgt auch dafür, dass Sie womöglich zu viel Steuern zahlen, wenn Sie nicht rechtzeitig die passenden Vorkehrungen dagegen treffen. Nicht berücksichtigt wird dabei, dass Ihnen eigentlich von Rechts wegen steuerfreie Kapitaleinkünfte in Höhe von immerhin 801 Euro pro Jahr (oder 1602 Euro bei zusammen veranlagten Ehepaaren) zustehen. Auf diesen so genannten Sparerpauschbetrag haben Sie eigentlich Anspruch. Aber dass darauf keine Abgeltungsteuer einbehalten und ans Finanzamt gezahlt wird, dafür müssen Sie schon selbst sorgen.

Unbedingt empfehlenswert: Der Freistellungsauftrag

Mit einem so genannten Freistellungsauftrag (oder mehreren Freistellungsaufträgen, wenn Sie mehrere Banken haben), sorgen Sie von vornherein dafür, dass der Sparerpauschbetrag vom Abzug der Kapitalertragsteuer verschont bleibt. Das heißt: Sie holen sich bei Ihrer Bank das betreffende Formular, füllen es aus und reichen es ein. Manche Direktbanken ermöglichen dies auch online (nach dem Login). Einen Freistellungsauftrag brauchen Sie nur bei Banken einreichen, bei denen die Gewinne aus Kapitalanlagen (Zinsen, Dividenden und/oder Kursgewinne) nicht bloß ein paar wenige Euro pro Jahr betragen.

- Falls das nur bei einer Bank der Fall ist (zum Beispiel bei Ihrer Depotbank), dann tragen Sie den vollen Sparerpauschbetrag in Höhe von 801 Euro (oder 1602 Euro bei zusammen veranlagten Ehepaaren) als den Betrag ein, auf den künftig keine Abgeltungsteuer abgeführt werden soll.
- Falls Sie bei mehreren Banken (z. B. bei Ihrer Hausbank und Ihrer Depotbank) einen Freistellungsauftrag einreichen wollen, dann dürfen die freigestellten Beträge in Summe den Sparerpauschbetrag nicht überschreiten. Idealerweise teilen Sie den Sparerpauschbetrag so auf, dass er überall möglichst voll ausgeschöpft wird. Vermeiden sollten Sie, dass der freigestellte Betrag bei der einen Bank von der Summe der Kapitalgewinne schon überschritten und bei der anderen Bank nicht vollständig ausgeschöpft wird.

Ändern können Sie einen Freistellungsauftrag übrigens jederzeit. Sie brauchen dazu nur ein neu ausgefülltes Formular einzureichen und anzugeben, ab wann der neue Freistellungsauftrag greifen soll. Bei einer Änderung mitten im Kalenderjahr sollten Sie allerdings darauf achten, dass der künftig freigestellte Betrag nicht kleiner ist als der bisherige. Sonst kann die Bank ihn nicht ausführen.

Gemeinsamer Freistellungsauftrag: Diese Varianten sind möglich

Ehepaare können, sofern gemeinsam zur Steuer veranlagt, auch einen oder mehrere gemeinsame Freistellungsaufträge erteilen und somit eine Gesamtsumme von 1602 Euro pro Jahr freistellen lassen. Möglich sind gemeinsame Freistellungsaufträge:

- auf alle Konten und Depots, die jeweils nur einem von beiden Eheleuten gehört
- auf alle Konten und Depots, die beiden Eheleuten zusammen gehören

Mit diesem Punkt ist quasi der Übergang zum letzten Kapitel in diesem Buch schon geschaffen, nämlich zur Geldanlage. Denn mit den bisherigen Tipps sollten Sie genügend Euro gespart haben, dass sich eine solche auch lohnt.

GELDANLAGE

Idealerweise können Sie mithilfe der Tipps in diesem Buch eine drei- bis vierstellige Summe pro Jahr einsparen. Hauen Sie es nicht gleich wieder auf den Kopf, sondern verwenden Sie es klug, um sich ein finanzielles Polster für später zuzulegen. In diesem Kapitel geht es nun darum, sich eine kurzfristige Reserve für finanzielle Notfälle aufzubauen, eine langfristige und rentable Geldanlage zu etablieren und außerdem alle Investments zu meiden, die unrentabel oder sogar hochriskant sind.

Ein Hinweis: Schuldentilgung hat Vorrang vor der Geldanlage

Wenn Sie Geld übrig haben, zugleich aber auch noch offene Kredite haben, dann zerbrechen Sie sich nicht den Kopf über Geldanlagen. Die Schuldentilgung hat dann Vorrang. Nutzen Sie alle Möglichkeiten, etwa Sondertilgungen zu leisten. Denn je früher Sie Ihren Kredit abbezahlt haben, desto weniger Zinsen zahlen Sie und desto eher erreichen Sie den höchst erstrebenswerten Zustand, finanziell unabhängig zu sein.

Kurzfristige Reserven für Notfälle: Dafür eignet sich ein Tagesgeldkonto

Bauen Sie sich nach und nach ein finanzielles Polster auf, auf das Sie in Notfällen Zugriff haben. Idealerweise beläuft sich dieses Polster auf mindestens drei bis sechs Monatsgehälter. Dann sind Sie gewappnet gegen böse Überraschungen wie etwa eine hohe Nachzahlung über Strom und Gas oder die plötzliche Notwendigkeit, Ihre kaputte Heizung austauschen zu müssen. Sie müssen in solchen Notfällen nicht gleich einen Kredit aufnehmen – und das erspart Ihnen Zinskosten in erheblichem Umfang.

Zum Aufbau solcher Reserven lohnt es sich trotz der derzeitigen Niedrigzinsen, ein extra Konto zu eröffnen. Idealerweise ist das ein Tagesgeldkonto. Das ermöglicht jederzeit einen Zugriff auf das Geld. Sie müssen keine feste Laufzeit und keine Kündigungsfrist einhalten.

Die Zinsen fürs Tagesgeld sind derzeit allerdings äußerst gering. Trotzdem ist ein Tagesgeldkonto empfehlenswert. Es dient der eigenen Disziplinierung. Dadurch, dass Sie Ihre Notfallreserve nicht auf dem Girokonto belassen, kontrollieren Sie Ihre Ausgaben. Es kann Ihnen auf diese Weise nicht passieren, dass Sie Ihren Geldpuffer versehentlich anrühren, etwa weil Sie beim Einkauf mit der EC-Karte nicht merken, dass Sie schon mehr ausgeben, als Sie sollten.

Die Zinsjagd lohnt sich selten

Sie können bei diversen Zinsvergleichsportalen, zum Beispiel www.fmh.de, durchaus prüfen, welche Bank Ihnen aktuell die besten Tagesgeldzinsen bietet. Beachten Sie aber unbedingt meine Empfehlungen zur Einlagensicherung im Kapitel »Banken«. Aus meiner Sicht ist der ständige Bankenwechsel nicht empfehlenswert: Die Zinsen sind, auch bei den besseren Anbietern, insgesamt zu niedrig, als dass sich der Aufwand häufigerer Bankenwechsel dauerhaft lohnen würde. Außerdem erhält so manche Bank ihre anfangs attraktiven Tagesgeldzinsen nicht lange aufrecht. Danach werden häufig sogar unterdurchschnittliche Zinsen gezahlt.

Idealerweise richten Sie einen Dauerauftrag von Ihrem Girokonto ein. Überweisen Sie sich so lange feste Monatsraten von beispielsweise 25 oder 50 Euro auf Ihr Tagesgeldkonto, bis Ihre Reserve aufgefüllt ist. Wenn Sie zwischenzeitlich die Reserve wegen eines Notfalls aufgebraucht oder geschmälert haben, beginnen Sie von Neuem. Das hat Vorrang vor dem zweiten Baustein einer vernünftigen Geldanlage: dem Investment in Fonds oder Aktien.

Langfristige Geldanlage: Am besten mit Fonds- oder Aktiensparplänen

Sobald Ihre Notreserve aufgefüllt ist, kümmern Sie sich um die mittel- bis langfristige Geldanlage. Sie wissen inzwischen: Dafür eignet sich kein Versicherungsvertrag. Die besten Renditen werfen immer noch Börseninvestments ab, also Fonds oder Aktien. Das gilt nicht erst, seitdem die Europäische Zentralbank mit ihrer ruinösen Niedrig- und Negativzinspolitik den Sparern die Möglichkeit genommen hat, auf Bankguthaben attraktive Zinsen zu erhalten. Der Kauf von Fonds oder Aktien war auch früher schon sehr ratsam. Lassen Sie sich von niemandem etwas anderes einreden, schon gar nicht, dass eine solche Geldanlage zu gefährlich sei, weil die Kurse schwanken. Es gibt Mittel, das Risiko einzudämmen.

Das Märchen von verlustfreiem Sparen

Mit vermeintlich sicheren Bankguthaben und klassischen Sparverträgen verlieren Sie auf lange Sicht gesehen auf jeden Fall Geld – durch Inflation. Oder anders gesagt: Ihr Erspartes verliert schleichend an Kaufkraft. Sie sehen es nur nicht an den im Kontoauszug ausgewiesenen Summen, weil diese nicht abnehmen. Aber der Wertverlust ist erheblich. Sie können sich nach einigen Jahren weitaus weniger kaufen als noch heute.

INFLATION: EINE UNTERSCHÄTZTE GEFAHR

Betrachten Sie dazu das folgende Diagramm. Dargestellt ist der Kaufkraftverlust in einer Zeitspanne von 25 Jahren bei einer Inflationsrate von 2 Prozent, von 3 Prozent, von 5 Prozent und von 10 Prozent. Die entsprechenden Linien im Diagramm zeigen, welche Kaufkraft nach Ablauf von x Jahren bei anfänglichen 100 Euro noch übrig bleibt.

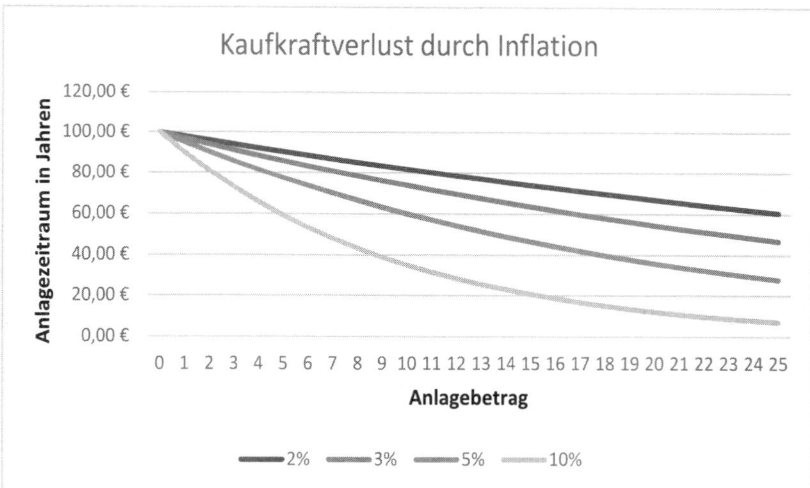

Verlust der Kaufkraft im Verlauf von 25 Jahren durch Inflation

Sie sehen: Selbst bei einer moderaten Inflation von 2 bis 3 Prozent können Sie sich nach Ablauf von 25 Jahren von Ihren 100 Euro nur noch kaufen, was Sie heute für rund 60 oder knapp 50 Euro bekommen würden. Eindrücklicher lässt sich nicht zeigen, wie ruinös eine Geldanlage ist, die nur den absoluten Geldbetrag erhalten will.

WIE LANGE WIRD ES DEN EURO NOCH GEBEN?

Ein zweites Problem kommt hinzu: Der Euro wackelt und es ist keineswegs sicher, dass er angesichts überbordender Staatsschulden in diversen Eurostaaten und angesichts einer ultralockeren EZB-Geldpolitik noch lange als allseits akzeptiertes Zahlungsmittel Bestand hat. Die EZB druckt gerade Geld, indem sie Anleihen aufkauft und – das wissen Sie schon – das Schuldenmachen sehr, sehr günstig macht. Im Gegenzug werden die Sparer bestraft, das sehen Sie ja an den Niedrigzinsen, die Sie für Ihre Bankguthaben bekommen.

Wenn Sie in einer solchen Situation Ihr Vermögen ausschließlich in Geldwerten aufbauen, dann kann es über Nacht wertlos sein. Entweder, weil aus der schleichenden Inflation plötzlich eine Hyperinflation mit Inflationsraten von 25, 30 oder sogar 50 Prozent wird. Oder weil – in Reaktion auf eine solche Entwicklung – eine Währungsreform kommt. Dass Ihr Erspartes dann nicht eins zu eins in eine neue, kaufkräftige Währung umgetauscht wird, versteht sich von selbst. Ohne den Crashpropheten spielen zu wollen, ist es aus diesem Grund gut, wenn Sie beim Vermögensaufbau vor allem auf Sachwerte setzen.

Sachwerte: Das sind Gold, Immobilen und Aktien(fonds)

Sachwerte haben einen großen Vorteil gegenüber Bankkonten, Sparvermögen und Bargeld: Sie werden stets zu Marktpreisen bewertet – unabhängig davon, welche Währung gerade als Zahlungsmittel dient. Natürlich gibt es dabei manchmal Über- oder Untertreibungen. Aber dennoch können Sie von einer gewissen Wertbeständigkeit abseits von allen Schwankungen ausgehen. Folgende Vermögensklassen gehören zu den Sachwerten.

GOLD UND SILBER

Dass Edelmetalle schon seit Jahrtausenden fast überall auf der Welt als Zahlungsmittel akzeptiert werden, hat einen guten Grund: Man kann sie – anders als unsere ungedeckten Papierwährungen – nicht beliebig vermehren. Nur noch vergleichsweise wenig Gold holen die Minenbetreiber aus der Erde. Das meiste, was heute im Umlauf ist, wird wieder und wieder recycelt. Gold und Silber haben allerdings zwei Nachteile: Erstens sind die Preisschwankungen vorwiegend spekulationsgetrieben, weil mit Edelmetallen viel spekuliert wird. Zweitens werfen sie – anders als Aktien oder Immobilien – keine laufenden Erträge in Form von Dividenden oder Mieteinnahmen ab. Gold und Silber ist – in Form von Anlagemünzen oder Barren – somit allenfalls bis zu einer Höchstgrenze von 10 Prozent des eigenen Vermögens zu dessen Absicherung zu empfehlen. Damit fangen Sie aber idealerweise erst dann an, wenn die bereits erwähnte Notreserve aufgebaut ist und wenn Sie auch mit der langfristigen Geldanlage schon einige Zehntausend Euro aufgebaut haben.

IMMOBILIEN

Immobilien gehören ebenfalls zu den Sachwerten. Sie haben jedoch auch Nachteile: Ein Investment in Immobilien schluckt immer gleich Hunderttausende Euro, und das macht es praktisch unmöglich, das eigene Vermögen auf verschiedene Vermögensklassen zu streuen, wenn Sie nicht gerade Krösus sind. Eine solche Streuung erscheint jedoch zur Verlustvermeidung unbedingt ratsam. Bankberater führen gegen dieses Argument allerdings häufig ins Feld, dass es mit Anteilen an offenen Immobilienfonds doch sehr wohl möglich sei, auch kleinere Summen in Immobilien zu stecken. Richtig überzeugend sind solche Immobilienfonds allerdings nicht. Als Anleger erkaufen Sie sich die zugegebenermaßen mögliche Stückelung durch den Kauf von Immobilienfondsanteilen mit hohen Gebühren. Zudem müssen Sie – das ist gesetzlich vorgeschrieben – einmal gekaufte Anteile für mindestens 24 Monate halten, und auch dann können Sie nur kündigen, wenn Sie die Kündigung ein Jahr vorher bei der Fondsgesellschaft angemeldet haben.

Es bleiben also nur das selbst genutzte Eigenheim, mit dem Sie immerhin Miete sparen, oder ein Mietobjekt, mit dem Sie Mieten einnehmen. Das selbst genutzte Eigenheim kann sinnvoll sein, wenn Sie ziemlich sicher wissen, dass Sie in Ihrem Leben nicht mehr umziehen wollen und müssen. Ein Mietobjekt ist mit Vorsicht zu genießen – die Mehrzahl der privaten Vermieter in Deutschland schafft es nicht, nachhaltig vernünftige Renditen zu erzielen. Zu groß ist die Gefahr, dass Mieter nicht zahlen oder dass das betreffende Haus oder Appartement unvermietet bleibt (nicht alle Wohnlagen sind so begehrt wie in Berlin, München und Köln).

Immobilien zu kaufen, ist aktuell allerdings nicht allzu ratsam. Denn durch die EZB-Niedrigzinspolitik ist es momentan so billig wie noch nie, einen Immobilienkredit aufzunehmen. Das hat in den vergangenen Jahren die Nachfrage nach Immobilien so angeheizt, dass wir längst eine Preisblase haben. Wenn Sie nicht gerade in eine völlig abgelegene, strukturschwache Gegend ziehen wollen, dann werden Sie kaum eine Immobilie finden, die im Vergleich zu Lage und Ausstattung nicht völlig überteuert ist. Dass zudem bei Immobilien die Erwerbsnebenkosten (Grunderwerbsteuer, Kosten für Makler, Notar und Grundbuchamt) extrem hoch sind, trägt auch nicht gerade zu ihrer Attraktivität bei.

Bleibt also für einen langfristigen Vermögensaufbau vorwiegend die dritte Kategorie von Sachwerten, und diese lege ich Ihnen sehr ans Herz: Aktien und Aktienfonds.

AKTIEN

Wer Aktien als bloße Spekulationspapiere abtut, der tut dieser Wertpapiergattung Unrecht. Anders als Immobilien haben sie bloß den Nachteil, dass der Markt ihren Wert börsentäglich meist im Minutentakt neu bemisst und auch sofort auf positive oder negative Nachrichten reagiert. Auf diese Weise nehmen Sie jede Schwankung wahr, und es hat es den Anschein, als wäre der Kauf solcher Papiere der helle Wahnsinn, Gewinne reines Spekulationsglück und Verluste nahezu zwangsläufig vorprogrammiert. Doch das stimmt nicht.

Aktien sind zunächst einmal einfach Anteile an Unternehmen. Diese Unternehmen produzieren Waren, die Sie am Markt verkaufen, oder Sie bringen Dienstleistungen hervor, für die die Auftraggeber am Markt bezahlen. Auf diese Weise werden laufend Gewinne erwirtschaftet. Als Aktionär werden Sie in Form von Dividenden an diesen Gewinnen beteiligt. Ein Teil der Gewinne verbleibt jedoch idealerweise im Unternehmen – und wird aufs Neue investiert, etwa in Maschinen, Anlagen, Produktionswerke oder auch Know-how. Das versetzt die Unternehmen in die Lage, sich auch künftig am Markt zu behaupten und weitere Gewinne zugunsten ihrer Aktionäre zu erwirtschaften.

Natürlich ist nicht jedes Unternehmen gleich gut, und es gibt durchaus börsennotierte Aktiengesellschaften, die schon seit Jahren Verluste schreiben. Dennoch werden Sie an der Börse mehr Gewinner als Verlierer finden. Zudem bleibt Ihnen die Auswahl einzelner Aktien erspart, wenn Sie sich das nicht zutrauen. Denn Sie können stattdessen auch einfach Aktienfonds kaufen.

AKTIENFONDS

Aktienfonds sammeln das Geld verschiedener Anleger ein, indem sie Anteilsscheine verkaufen. Vom eingesammelten Geld kaufen sie dann verschiedene Einzelaktien. Das hat für Sie als Anleger gleich mehrere Vorteile: Sie brauchen sich nicht selbst um die Aktienauswahl zu kümmern, die Qual der Wahl bleibt Ihnen erspart. Außerdem können Sie auch mit vergleichsweise kleinen Beträgen bereits auf eine Mischung aus verschiedenen Aktien setzen. Damit minimieren Sie Ihr Risiko, weil die Gewinne des einen Unternehmens die Verluste des anderen ausgleichen. Bei aktiv gemanagten Aktienfonds müssen Sie allerdings recht viel Geld hinlegen, damit sich ein Börsenprofi, sprich Fondsmanager, um die Auswahl der besten Aktien kümmert. Den Ausgabeaufschlag als einmalige Kaufgebühr in Höhe von bis zu 5,5 Prozent der investierten Summe können Sie vielleicht noch umgehen, indem Sie Ihre Fondsanteile an der Börse kaufen. Nicht vermeiden lassen sich dagegen die jährlichen Verwaltungsgebühren, die mit bis zu 1,5 Prozent, manchmal sogar bis zu 2 Prozent, Ihre Rendite erheblich schmälern. Aus diesem Grund lege ich Ihnen statt aktiv gemanagter Fonds für den Anfang eine weitaus kostengünstigere Alternative nahe. Diese Alternative sind Passivfonds, auch ETFs genannt.

ETFs bilden einen Index nach

ETFs (Exchange Traded Funds) sind börsengehandelte Fonds, die einfach einen Index nachbilden. Mit einem DAX-ETF kaufen Sie also alle DAX-Aktien auf einen Streich, und zwar genau in der Zusammensetzung und Gewichtung wie im deutschen Leitindex DAX. Für die Auswahl braucht es keinen Fondsmanager, und das macht sich an den sensationell niedrigen Gebühren bemerkbar. ETFs kosten selten mehr als 0,4 Prozent im Jahr. Viele sind sogar schon für unter 0,1 Prozent pro Jahr erhältlich. Es muss übrigens nicht unbedingt der DAX sein. Sie können auch einen ETF auf den Europäischen Standardwerteindex Stoxx Europe 50 kaufen und erhalten darin die Aktien der 50 größten europäischen Schwergewichte unter den börsennotierten Unternehmen (auch aus Nicht-EU-Ländern wie der Schweiz oder Norwegen). Schließlich gibt es auch ETFs auf die US-Indizes Dow Jones und Standard & Poor's 500, wenn Sie zusätzlich oder stattdessen noch den US-amerikanischen Markt abbilden möchten. Das übrigens ist gar nicht so unattraktiv, denn in den USA sind Aktien als Altersvorsorge sehr beliebt; die US-Unternehmen wissen das und schütten daher vierteljährlich recht attraktive Dividenden aus.

Kurzum: Den Kauf von ETFs lege ich Ihnen zum Vermögensaufbau nahe. Nur wenn Sie sich mit Aktien auskennen und mit den wichtigsten Kennzahlen zur Aktienauswahl vertraut sind, rate ich Ihnen zum Kauf von Einzelaktien. Übrigens haben langjährige Studien des Deutschen Aktieninstituts (DAI) anhand des deutschen Leitindex DAX ergeben: Verluste sind umso unwahrscheinlicher, je länger Sie ein solches Aktieninvestment halten. Sie müssen dafür lediglich die Dividenden gleich wieder investieren. Das Ergebnis sehen Sie, wenn Sie auf der Internetseite www.dai.de das »Renditedreieck« auf den DAX abrufen. Untersucht hat das DAI jeden beliebigen Anlagezeitraum der vergangenen 50 Jahre. Unterstellt wurde jeweils ein Einstieg zum Ende eines Jahres und ein Ausstieg zum Ende eines anderen Jahres. Das Ergebnis: Es war in der Vergangenheit in besagtem 50-Jahres-Zeitraum höchst unwahrscheinlich, mit einem reinen DAX-Investment nach fünf Jahren noch im Minus zu liegen. Noch geringer war die Wahrscheinlichkeit nach zehn Jahren. Und im ungünstigsten Fall überhaupt kam ein DAX-Investment erst nach elf Jahren aus den roten Zahlen heraus.

In der weitaus überwiegenden Anzahl der Fälle aber brachte ein Investment in das deutsche Aktienbarometer DAX eine positive Rendite. Diese lag

- nach 15 Jahren durchschnittlich
  zwischen +2,3 bis +15,4 Prozent pro Jahr,
- nach 20 Jahren durchschnittlich
  zwischen +3,8 und +15,2 Prozent pro Jahr,
- nach 30 Jahren durchschnittlich
  zwischen +6,8 und +10,9 Prozent pro Jahr.

Beachten Sie: Das sind nur die Ergebnisse, wenn keinerlei Einstiegsoptimierung betrieben wurde. Mit dieser Untersuchung will ich Ihnen die Zweifel nehmen, ob sich ein Börseninvestment denn wirklich für den Vermögensaufbau eignet. Innerhalb von 50 Jahren ließ sich mit dem DAX eine Durchschnittsrendite von 7,0 Prozent pro Jahr erzielen.

Meine Empfehlung: Investieren Sie in ETF- oder Aktiensparpläne

Bleibt noch ein Problem zu lösen: Wie erwischen Sie einen guten Einstiegszeitpunkt? Denn Sie wollen ja nicht gerade Ihre ETFs oder Aktien zu Höchstpreisen kaufen, oder? Die Antwort lautet schlichtweg: mit einem Sparplan. Sie kaufen sich ganz einfach nach und nach monatlich oder vierteljährlich Ihre ETF-Anteile oder Aktien und investieren dabei immer gleiche Beträge. Das sichert Ihnen im Durchschnitt günstige Einkaufspreise. Das Ganze nennt sich Durchschnittskosteneffekt (oder auch auf Englisch: Cost Average Effect).

Ein bisschen ist es wie beim Tanken. Angenommen, Sie tanken jedes Mal für einen Festbetrag von 30 Euro. Sind die Spritpreise gerade hoch, können Sie für dieses Geld nur wenig in Ihren Tank füllen. Sind sie dagegen niedrig, dann tanken sie automatisch mehr.

Mit einem Sparplan haben Sie damit das Problem des falschen Einstiegszeitpunkts vermieden. Sparpläne bieten die verschiedensten Depotbanken an und möglich sind sie nicht nur auf ETFs, sondern bei einigen Anbietern auch auf Einzelaktien.

WIE SIE EINEN SPARPLAN EINRICHTEN

Die Einrichtung ist denkbar unkompliziert. Zunächst brauchen Sie ein Wertpapierdepot. Dafür empfehle ich Ihnen einen Direktbroker (also eine kostengünstige Internetdepotbank), zum Beispiel:

- die Commerzbank-Tochter comdirect (www.comdirect.de),
- die Consorsbank, die zur französischen Großbank BNP Paribas gehört (www.consorsbank.de),

- die ING, die zur niederländischen ING Groep gehört (www.ing.de) oder
- den S-Broker (ein Direktbroker der Sparkassengruppe).

Die Einzelheiten zur Depoteröffnung erhalten Sie, wenn Sie den Anweisungen auf der jeweiligen Internetseite Folge leisten. Sie erhalten daraufhin die Zugangsdaten zu Ihrem Onlinedepot und damit können Sie sich jederzeit in Ihren Bereich einloggen, Wertpapiere kaufen und später auch wieder verkaufen – oder eben Sparpläne einrichten.

Wenn Sie sich in Ihr Depot eingeloggt haben, genügt ein Klick auf die Schaltfläche »Sparplan« oder »Sparplan einrichten«. Erforderlich sind dann nur wenige Eingaben, die im Handumdrehen erledigt sind:

- Wertpapierkennnummer oder ISIN (die internationale Wertpapierkennnummer) des gewünschten ETFs oder der gewünschten Aktie
- Kaufintervall (monatlich, vierteljährlich, halbjährlich, jährlich)
- Höhe der Sparrate (25 Euro, 50 Euro, 100 Euro, 150 Euro, 200 Euro ...)
- Referenzkonto (das Bankkonto, von dem die Sparrate abgebucht werden soll, dazu geben Sie in aller Regel Ihr Girokonto an)

Die meisten Broker verlangen eine feste Provision für Sparpläne, in der dann auch die Ordergebühren enthalten sind. Sie beläuft sich meist auf 1,5 bis 2 Prozent der Sparrate. Zur Kundengewinnung oder -bindung gibt es aber auch regelmäßig Sonderangebote. Vergleichen Sie ruhig im Internet die Sparpläne unterschiedlicher Broker.

MIT WELCHEN ETFS SIE AM BESTEN BEGINNEN

Wenn Ihnen die Börse noch fremd ist, dann starten Sie am besten mit einem ETF auf den DAX. Im Prinzip können Sie jeden beliebigen nehmen, die Unterschiede sind marginal. Schauen Sie einfach, was Ihre Depotbank im Angebot hat. Denkbar sind zum Beispiel die folgenden ETFs:

- x-trackers DAX UCITS ETF (WKN: DBX1DA, jährliche Verwaltungsgebühr: 0,09 Prozent, die Fondsgesellschaft dieses ETFs gehört der Deutschen Bank)
- ComStage DAX UCITS ETF (WKN: ETF001, jährliche Verwaltungsgebühr: 0,08 Prozent, die Fondsgesellschaft dieses ETFs gehört der Commerzbank)
- Deka DAX UCITS ETF (WKN: ETFL01, jährliche Verwaltungsgebühr: 0,15 Prozent pro Jahr, die Fondsgesellschaft diese ETF gehört zur Sparkassengruppe)
- iShares Core DAX ETF (WKN: 593393, jährliche Verwaltungsgebühr: 0,16 Prozent, die Fondsgesellschaft dieses ETF ist der britisch-amerikanische Finanzkonzern BlackRrock)

Die meisten Depotbanken verlangen für ETF-Sparpläne übrigens eine Mindestrate von 25 Euro, manchmal auch 50 Euro. Das ist erschwinglich, und wenn Sie es monatlich nicht hinbekommen, dann sparen Sie eben im Vierteljahresrhythmus. Haben Sie erste Erfahrungen mit Ihrem Sparplan auf den DAX-ETF gemacht, dann empfehle ich Ihnen, zusätzlich noch einen ETF auf den US-amerikanischen Index Standard & Poor's zu kaufen (der Index ist etwas breiter aufgestellt und moderner berechnet als der bekanntere Dow Jones). Für den Anfang genügt das völlig.

ETF-Suche leicht gemacht

Sie wissen, in welchen Index, in welches Land oder in welche Region dieser Welt Sie investieren möchten? Dann ist es ganz leicht, die passenden ETFs ausfindig zu machen:

Gehen Sie dafür einfach auf die Internetseite: www.justetf.de

Klicken Sie dann im Menü oben auf der Seite auf »ETF Suche«.

Sie haben die unterschiedlichsten Suchmöglichkeiten: Entweder, Sie suchen sich bei der Indexauswahl denjenigen Index aus, für den Sie sich interessieren, oder Sie klicken auf die Schaltfläche »Aktions-ETFs« und lassen sich anzeigen, welche ETFs Ihre Depotbank gerade im Angebot hat. Sie können (und sollten) die Auswahl auf sparplanfähige ETFs beschränken, denn nicht jeder ETF lässt sich mit regelmäßigen kleinen Raten kaufen. Aber schon nach wenigen Klicks sollten Sie auf dieser praktischen Website fündig werden.

Vermögenswirksame Leistungen: Lassen Sie sich die Geldanlage vom Arbeitgeber sponsern

Erstaunlich viele Arbeitgeber zahlen ein Gehaltsextra in besonderer Form: als so genannte vermögenswirksame Leistungen, abgekürzt VL. Das heißt: Sie bekommen zusätzlich zu Ihrem Monatsgehalt einen bestimmten Zuschlag, der bis zu 40 Euro pro Monat betragen kann.

So einfach ist VL-Sparen

Fragen Sie in der Personalabteilung nach, ob Ihr Arbeitgeber VL anbietet. Falls ja, ist der Abschluss ganz einfach: Sie schließen einen VL-Vertrag ab und der Arbeitgeber überweist Ihnen monatlich die VL-Sparrate. Das Geld wird nicht auf Ihr Girokonto überwiesen, sondern in Ihren VL-Sparvertrag. Prinzipiell gibt es viele Anlagemöglichkeiten für VL. Ein ETF-Sparplan ist aus meiner Sicht in der Mehrzahl der Fälle am besten geeignet. Sechs Jahre lang läuft der Sparvertrag. So lange zahlt der Arbeitgeber die monatlichen Raten ein. Danach müssen Sie ein weiteres Jahr warten, bevor Sie Zugriff auf das Geld haben. Besser allerdings lassen Sie es weiter für sich arbeiten. Übrigens können Sie schon im siebten Jahr einen neuen VL-Vertrag abschließen und weiterhin lückenlos Monatsraten von Ihrem Arbeitgeber zu Ihrer eigenen Geldanlage nutzen. Denn das Geld gehört dann Ihnen – ohne Wenn und Aber.

So finden Sie VL-Angebote

Zu den Anbietern von VL-geeigneten ETF-Sparplänen gehören nicht nur Direktbanken, sondern auch Fondsvermittler wie Finvesto (www.finvesto.de), Fondsdiscount (www.fondsdiscount.de) oder AVL-Fondsvermittlung (www.avl-investmentfonds.de). Das sind Internetplattformen, über die Sie bei einer Depot- oder Fondsbank ein neues Depot eröffnen können. Geben Sie zur Suche nach geeigneten Angeboten einfach die Suchbegriffe »VL ETF-Sparplan« in Ihre Suchmaschine ein und suchen Sie sich einen Anbieter, der auch Ihren Wunsch-ETF (etwa auf den DAX oder Standard & Poor's 500) im Angebot hat.

Zusätzlich beantragen: Bis zu 80 Euro Arbeitnehmer-Sparzulage vom Staat

Liegt Ihr zu versteuerndes Einkommen brutto bei nicht mehr als 20 000 Euro pro Jahr (bei zusammen veranlagten Ehepaaren bei maximal 40 000 Euro)? Dann legt auch der Staat noch ein bisschen Geld obendrauf. Zusätzlich zu den vermögenswirksamen Leistungen vom Arbeitgeber können Sie die so genannte Arbeitnehmer-Sparzulage beantragen. Sie beläuft sich auf 20 Prozent der VL-Summe und maximal 80 Euro pro Jahr. Das klingt zwar nach wenig, aber Kleinvieh macht ja bekanntlich auch Mist. Für die Beantragung setzen Sie im Mantelbogen Ihrer Steuererklärung lediglich ein Kreuzchen bei der Option »Antrag auf Festsetzung der Arbeitnehmer-Sparzulage« und fügen die Bescheinigung »Anlage VL« bei, die Sie von Ihrem VL-Anbieter erhalten. Das Finanzamt überweist die staatliche Förderung dann direkt an den Anbieter.

Hinweis: Es zählt das zu versteuernde Einkommen

Verwechseln Sie das zu versteuernde Einkommen nicht mit dem Bruttoeinkommen. Letzteres ist deutlich höher, weil das Finanzamt noch diverse Freibeträge (Grundfreibetrag, Kinderfreibetrag) sowie Werbungskosten, Sonderausgaben und außergewöhnliche Belastungen berücksichtigt, die allesamt Ihr zu versteuerndes Einkommen mindern. Die Arbeitnehmer-Sparzulage können Sie folglich auch oft ergattern, wenn Sie brutto deutlich mehr als 20 000 Euro (40 000 Euro bei zusammen veranlagten Ehepaaren) verdienen. Testen Sie es ruhig – es ist ja nicht viel Aufwand.

Finger weg! Auf diese Geldanlagen lassen Sie sich besser nicht ein

Der Markt für Geldanlagen ist riesengroß und neben seriösen Anbietern tummeln sich dort auch zahllose Gauner, Schurken oder Stümper. Sie wissen jetzt, was Sie mit Ihren Geldreserven sinnvollerweise anfangen, damit sich diese mehren und in Notfällen verfügbar sind. Mindestens ebenso wichtig ist es aber, zu vermeiden, was bestenfalls unrentabel, schlimmstenfalls aber ruinös ist. Hier die Top-Ten-Hitliste der Geldanlagen, von denen Sie besser die Finger lassen.

1. **Wald- und Holz-Investments:** Die Betreiber sind oft dubios, die Geldanlagen so gestrickt, dass Sie als Anleger das volle Risiko tragen. Da die propagierten Wald- und Plantagenflächen zudem meist im Ausland liegen, ist eine Kontrolle schwierig und eine Durchsetzung Ihrer Rechte praktisch unmöglich. Also: Ob Sandelholz oder Teak – kaufen Sie solche Investments niemandem ab.
2. **Immobilienfonds:** Vertrieben werden meist geschlossene Immobilienfonds, bei denen mit dem Geld der Anteilseigner ein Büroturm oder eine Wohnanlage gebaut werden soll. Als Anleger sehen Sie jedoch von außen nicht, wie solide die finanzielle Planung ist und wie rentabel sich das Gebäude nachher wirklich vermieten, verpachten oder verkaufen lässt. Oft werden zudem für den Bau hohe Kredite aufgenommen und letztlich mit dem Geld der Anleger besichert. Das heißt: Das Verlustrisiko ist immens. Offene Immobilienfonds, die jederzeit einen Einstieg erlauben, sind übrigens kaum besser, zu-

mal aktuell keine günstigen und rentablen Großimmobilien am Markt zu haben sind. Seien Sie also auch hier vorsichtig.

3. **Bitcoin & Co.**: Kryptowährungen sind der jüngste Hype, aber ob sie sich langfristig durchsetzen, ist die Frage. Und selbst wenn: Es ist völlig offen, welche Kryptowährung dann das Rennen macht. Da überdies die ganzen Kryptowährungsbörsen nicht staatlich beaufsichtigt und reguliert sind, haben Gauner es leicht, den Markt zu manipulieren. Das ist kein Tummelplatz für Anleger, die ihr Geld solide vermehren wollen.
4. **Windkraft- und Solarparks:** Auch wenn die Anlageprospekte oft in Reformhäusern und Bioläden ausliegen: Diese vermeintlichen Öko-Investments sind keineswegs so rentabel, wie von den Anbietern propagiert. Die Prognoserechnungen sind oft unrealistisch, die Gefahren werden heruntergespielt. Und wieder einmal können Sie eine einmal gekaufte Anlage nicht einfach abstoßen, wenn Sie das wollen oder wenn langsam schlechte Nachrichten durchsickern. Das macht dieses Investment extrem gefährlich.
5. **Container, Industrieleuchten und sonstige »Sachwert-Investments«:** Wenn Sie Investitionsgüter kaufen, dann sollten Sie auch die volle Kontrolle darüber haben, was Ihnen wirklich gehört. Bei Containern oder Industrieleuchten, die angeblich zum profitablen Preis etwa an Logistiker und Reedereien oder an Produktionsbetriebe vermietet werden, haben Sie diese Kontrolle nicht. Nirgends klebt ein Aufkleber, der besagt, dass dieses Objekt von Ihrem Geld gekauft wurde und folglich Ihnen gehört. Daher kann es Ihnen ergehen wie den 56 000 P&R-Anlegern: Erst als die Staatsanwaltschaft ermittelte, erfuhren Sie, dass es von den rund 1,6 Millionen an

Anleger verkauften Containern rund eine Million überhaupt nicht gab ...

6. **Cannabis-Aktien:** Haschisch ist auf dem Vormarsch und wird in immer mehr Industrieländern, so etwa in den USA und in Kanada, legalisiert – auch für den pharmazeutischen Gebrauch. Das befeuert die Fantasie der Anleger. Noch schreiben die Cannabis-Produzenten und -Distributoren keinerlei Gewinne. Aber für die Aktien werden bereits Mondpreise gezahlt. Halten Sie sich da besser raus.
7. **Lithium-Produzenten und Batteriehersteller:** E-Mobilität ist das neue Zauberwort, das in Zeiten des Klimawandels erstaunlich viele Anhänger findet, die meinen, der Strom aus der Steckdose sei eine komplett Schadstoff- und CO_2-freie Angelegenheit. Damit sind auch die Kurse von Lithium-Produzenten und Batterieherstellern rasant angestiegen. Ob sich das Investment je bezahlt macht, darf bezweifelt werden. Aufgepasst außerdem: Auf dem Markt für Lithium-Investments tummeln sich zahlreiche Wölfe im Schafspelz, auf deren dubiose Angebote Sie besser nicht hereinfallen.
8. **Crowdfunding:** Was viele gut finden, das kann doch nicht falsch sein, oder? Unzählige Internetplattformen werben für Kleininvestments schon ab 50 oder 100 Euro, die in innovative Start-up-Unternehmen oder auch einfach in Immobilien gesteckt werden sollen. Das Problem ist nur: Diese bemühen sich vor allem dann um die Gunst der Schwarminvestoren, wenn die Banken den Kreditantrag schon abgelehnt oder die Kreditlinie gestrichen haben. Das heißt: Die wirklich vielversprechenden Unternehmen sammeln ihr Geld nicht über eine Schwarmfinanzierung ein. Für Sie als Anleger ist das ein Warnsignal: Das Gleiche zu tun wie alle anderen, muss nicht immer richtig sein.

9. **Megatrends:** Immer neue Moden gibt es nicht nur auf dem Laufsteg zu bewundern, sondern auch in der Geldanlage. Erinnern Sie sich noch? Um die Jahrtausendwende war jede Internetklitsche angesagt und die Aktie der Deutschen Telekom erreichte später nie wieder gesehene Höchststände. Doch die meisten Investments aus dieser Zeit erwiesen sich als Flops. So richtig überzeugend waren auch spätere Megatrends nicht, etwa BRIC-Fonds, die in die vier großen Schwellenländer Brasilien, Russland, Indien und China investierten. Meine Empfehlung lautet daher: Suchen Sie nicht die Börsenstars von morgen, sondern investieren Sie vorwiegend in »langweilige« Aktien, die mit ganz popeligen Geschäftsmodellen und guten Marken (Nahrungsmittel, Pharmaprodukte, Konsumgüter) jetzt schon gutes Geld verdienen. Viele dieser Aktien sind auch in den großen Standardwerte-Indizes vertreten, weshalb Sie auch ganz einfach durch Kauf eines ETF an deren Erfolg teilhaben können. Das ist mit Sicherheit rentabler als der nächste Megatrend. Übrigens: Wenn erst die Banken, FinTechs und Fondsgesellschaften neue Geldanlageprodukte zu einem Megatrend auflegen, dann hat sich dieser Trend meist schon erledigt.
10. **Penny Stocks:** Eine beliebte Abzocke funktioniert bei unerfahrenen Börsianern erstaunlich gut: Der betreffende Anleger erhält per E-Mail, Fax, Post oder WhatsApp unbestellt eine kostenlose Aktienempfehlung. Die Aktie ist meist börsennotiert, aber üblicherweise hat das betreffende Unternehmen seine Geschäftstätigkeit längst aufgegeben und existiert nur noch als Mantel-AG. Sie kostet daher nur wenige Cent (oder Pennys, wie man in England früher gesagt hätte, daher der Name Penny Stocks). Der Betrüger, der die Aktienempfeh-

lung lanciert hat, hat sich vorher für kleines Geld mit den betreffenden Aktien eingedeckt und verkauft sie genau dann, wenn – durch seine Empfehlung angekurbelt – die Nachfrage steigt. Da nur geringe Stückzahlen gehandelt werden, reicht schon wenig Nachfrage für enorme Kurssprünge. Den großen Reibach macht besagter Betrüger – und der Käufer der Aktien merkt zu spät, dass er ein gänzlich wertloses Papier gekauft hat. Solche Marktmanipulationen sind übrigens illegal, aber erwischt werden längst nicht alle Drahtzieher.

Richtig investieren – Sie wollen mehr darüber wissen?

Ob Sie nun ganz am Anfang des Vermögensaufbaus stehen oder schon etwas Geld zusammengespart haben: Für eine solide und zielgerichtete Geldanlage ist solides Grundlagenwissen nötig. Das liefert Ihnen die Buchreihe, die ich zusammen mit meinem Kollegen Rolf Morrien geschrieben habe. Die Reihe besteht aus drei Bänden und ist wie die vorliegende Publikation im FinanzBuch Verlag erschienen:

- Wie lege ich 5000 Euro optimal an?
- Wie lege ich 10 000 Euro optimal an?
- Wie lege ich 50 000 Euro optimal an?

Schauen Sie doch mal rein. Sie finden zahlreiche Tipps und Hintergrundinfos, die Sie für eine erfolgreiche Geldanlage brauchen. Und wie auch bei diesem Buch gilt: Ich freue mich auf Ihre Rückmeldung!

NACHWORT

In einem Punkt ähnelt das »finanzielle Fasten« dem wirklichen Fasten: Den Anfang müssen Sie selbst machen – und das sollten Sie nicht auf die lange Bank schieben. Aber das dürfte Ihnen mit dieser Sammlung an wertvollen Tipps und guten Ideen nicht weiter schwerfallen. Immerhin können Sie frei wählen, womit Sie beginnen. Was Ihnen momentan noch zu aufwendig oder zu umständlich erscheint, das lassen Sie zunächst einmal beiseite. Sicher ist: Mit jedem umgesetzten Ratschlag wird Ihre finanzielle Belastung geringer und ihr finanzieller Spielraum größer. Und vergessen Sie bei allem, was Sie bislang noch nicht umsetzen konnten, nicht den wichtigsten Grundsatz, der für alle guten Vorsätze gilt: Sie sind recyclebar. Vielleicht haben Sie ja schon morgen Zeit und Lust, das nächste Ziel in Angriff zu nehmen und das nächste Päckchen Ballast abzuwerfen. Ich wünsche Ihnen viel Erfolg dabei!

Börse leicht verständlich

Judith Engst; Rolf Morrien

Vermögensaufbau - selbst gemacht! Die Finanzkrise hat dramatische Auswirkungen auf Privatvermögen und Altersvorsorge. Rentenansprüche werden gekürzt. Lebensversicherungen stecken in der Krise. Auch auf den Staat ist schon lange kein Verlass mehr. Daher muss jeder Anleger das Heft selbst in die Hand nehmen und handeln. Aber wie baut man ein Vermögen auf oder erzielt ein dauerhaftes Einkommen aus Zinserträgen? Aktien, Fonds, Anleihen, Zertifikate — es gibt Millionen Wertpapiere und Anlagemöglichkeiten.

Die meisten Bücher für Einsteiger erklären aber nur, wie einzelne Wertpapiere funktionieren, oder beschreiben, welche Strategien in der Vergangenheit wirksam waren. Dieses Buch schließt die Lücke. Es beschreibt, wie man ein Depot eröffnet, wie man geeignete Wertpapiere findet, welche Risiken es gibt und was man beim Kauf beachten sollte.

224 Seiten | Hardcover | 19,99 € (D) | 20,60 € (A) | ISBN 978-3-89879-630-9

Depot-Absicherung leicht gemacht

Judith Engst; Rolf Morrien

Der Urlaub steht bevor, und Sie wollen für mehrere Wochen verreisen. Oder Sie müssen für einige Zeit auf Dienstreise oder ins Krankenhaus. Zwangsläufig stellt sich die Frage: Was wird aus meinen Wertpapieren, wenn es an der Börse crasht? Nicht von überall haben Sie Zugriff auf Ihr Depot – und womöglich schon gar nicht, wenn es schnell gehen muss. Es lohnt sich daher, sich mit dem Thema »Depot-Absicherung« zu beschäftigen. Dieses Buch erklärt Ihnen die wichtigsten Grundlagen und liefert Ihnen eine klare Handlungsanweisung. Sie erhalten Antworten auf die wichtigsten Fragen:

- Welche Möglichkeiten zur Depot-Absicherung gibt es?
- Welche sind sinnvoll, welche nicht?
- Was können Sie kurzfristig und was langfristig unternehmen, um größtmögliche Sicherheit für Ihre Börseninvestments zu erreichen?
- Wie genau gehen Sie dabei vor?

Auch wenn es keine 100-prozentige Sicherheit gibt: Dieses Buch wird dazu beitragen, dass Sie auch in turbulenten Börsenzeiten ruhig schlafen können.

160 Seiten | Softcover | 14,99 € (D) | 15,50 € (A) | ISBN 978-3-95972-199-8